# Milagres do Ágape

Carol Kent &
Jennie Afman Dimkoff

# Milagres do Ágape

*Histórias reais e motivadoras
sobre o poder do amor de Deus*

Tradução
Renato Motta

Rio de Janeiro, 2012
1ª Edição

*Copyright* © 2011 *by* Carol Kent and Jennie Afman Dimkoff
Publicado mediante contrato com o proprietário, Howard Books,
um selo da Simon & Schuster, Inc.

TÍTULO ORIGINAL
Miracle on Hope Hill – and other true stories of God's love

CAPA
Raul Fernandes

FOTO DE CAPA
Susan Fox/Trevillion Images

FOTO DAS AUTORAS
Robin Phillips/Phillips Photographers

DIAGRAMAÇÃO
editorîarte

Impresso no Brasil
*Printed in Brazil*
2012

CIP-BRASIL. CATALOGAÇÃO NA FONTE
SINDICATO NACIONAL DOS EDITORES DE LIVROS, RJ

K44m

Kent, Carol, 1947-

Milagres do Ágape: histórias reais e motivadoras sobre o poder do amor de
Deus / Carol Kent e Jennie Afman Dimkoff; tradução Renato Motta. – Rio de
Janeiro: Valentina, 2012.

308p. : 21 cm

Tradução de: Miracle on Hope Hill

ISBN 978-85-65859-01-1

1. Deus (Cristianismo) – Amor – Anedotas. 2. Milagres – Anedotas.
I. Dimkoff, Jennie Afman. II. Título.

CDD: 231.73

12-6194.
CDU: 2-145.55

Todos os livros da Editora Valentina estão em conformidade com
o novo Acordo Ortográfico da Língua Portuguesa.

*Todos os direitos desta edição reservados à*

EDITORA VALENTINA
Rua Santa Clara 50/1107 – Copacabana
Rio de Janeiro – 22041-012
Tel/Fax: (21) 3208-8777
www.editoravalentina.com.br

*Ao meu marido*
*Gene Kent*

*Obrigada por ser meu parceiro da vida inteira,*
*minha fonte de estabilidade e coragem, e também por fornecer*
*grandes e equilibradas doses de humor e esperança a cada dia.*
*Amo "aproveitar a vida" com você!*

*Carol*

*Ao meu marido*
*Graydon W. Dimkoff*

*Obrigada por todos esses anos de amor, de sonhos,*
*de apoio físico e moral, por você ser um bom pai,*
*por saber traçar tantos planos e objetivos, por saber orar e brincar.*
*Querido, obrigada por me incentivar a escrever —*
*e por nunca perder esse brilho no olhar.*

*Com amor, sempre, Jennie*

# SUMÁRIO

CAPÍTULO  1: Uma Nova Família — 10

CAPÍTULO  2: O Casamento Secreto — 20

CAPÍTULO  3: O Casaco Desaparecido — 30

CAPÍTULO  4: Uma História de Amor — 38

CAPÍTULO  5: Uma Descoberta Inesperada em Manhattan — 46

CAPÍTULO  6: O Dom de Rosa — 52

CAPÍTULO  7: Cedo Demais — 58

CAPÍTULO  8: Milagre na Ladeira da Esperança — 64

CAPÍTULO  9: Aconteceu na Varanda — 70

CAPÍTULO 10: O Vestido de Noiva — 76

CAPÍTULO 11: Um Novo Começo — 82

CAPÍTULO 12: O Anjo Inesperado — 88

CAPÍTULO 13: Em Busca de um Sonho — 94

CAPÍTULO 14: Radiodifusão de Emergência — 102

CAPÍTULO 15: Escoltada por Anjos — 110

CAPÍTULO 16: O Catálogo da Convenção — 118

CAPÍTULO 17: Um Conto de Fadas Diferente — 124

CAPÍTULO 18: Vovó Na-na-ni-na-não — 132

CAPÍTULO 19: Surpresa no Brechó — 140

CAPÍTULO 20: Beleza Apesar das Cinzas — 148

| | | |
|---|---|---|
| CAPÍTULO 21: | Você Não Pode Contar Isso para Ninguém! | 156 |
| CAPÍTULO 22: | A Igreja que Praticava Aquilo que Pregava | 164 |
| CAPÍTULO 23: | Fórmula para a Vida | 174 |
| CAPÍTULO 24: | Casa à Venda | 182 |
| CAPÍTULO 25: | Momento Perfeito para Fogos de Artifício | 188 |
| CAPÍTULO 26: | Sapatos Novos para Amber | 200 |
| CAPÍTULO 27: | Surpresa em uma Manhã de Domingo | 210 |
| CAPÍTULO 28: | O Anel | 216 |
| CAPÍTULO 29: | Coberta de Amor | 222 |
| CAPÍTULO 30: | Fazendo Compras com Deus | 228 |
| CAPÍTULO 31: | Um Viajante Sinistro | 234 |
| CAPÍTULO 32: | A Favorita | 242 |
| CAPÍTULO 33: | A Longa Estrada para Casa | 250 |
| CAPÍTULO 34: | Abençoados em Plena Sorveteria | 258 |
| CAPÍTULO 35: | Dizendo SIM para Deus | 266 |
| CAPÍTULO 36: | Voltando para Casa | 274 |
| CAPÍTULO 37: | A Noite que Mudou Tudo | 280 |
| CAPÍTULO 38: | Volta ao Passado | 288 |
| CAPÍTULO 39: | Cerejas Cobertas de Chocolate | 296 |
| AGRADECIMENTOS | | 301 |
| NOTAS | | 303 |

**Um estranho é apenas um amigo ao qual
eu ainda não fui apresentado.**[1]

WILL ROGERS

# CAPÍTULO 1

## *Uma Nova Família*

POR CAROL KENT

"Nunca dê carona para estranhos! Não aceite doces de desconhecidos." Os adultos na vida de Vicky, durante toda a sua infância, foram muito claros: "Estranhos são assustadores — evite-os!"

Só que esses avisos dos tempos de menina perderam importância na cabeça de Vicky depois que o furacão Katrina devastou a costa do Golfo do México, no sul dos Estados Unidos. Uma semana depois de o ataque implacável destruir Nova Orleans, ela recebeu uma ligação da amiga Dianne, dos tempos de faculdade. Dianne tinha sido evacuada da cidade e fora se abrigar com parentes de outro estado. Vicky, que morava em Baton Rouge, tentara entrar em contato com sua velha amiga várias vezes, mas o sinal do celular era fraco e instável, para dizer o mínimo, e inexistente na maior parte do tempo.

Quando, por fim, conseguiram se falar, ela perguntou se Vicky sabia de algum imóvel para alugar na região de Baton Rouge, que ficava a uma hora de carro de sua casa inundada. Explicou que precisava de um lugar totalmente mobiliado, porque, segundo as notícias que acompanhava, havia perdido tudo. Vicky sabia que não encontraria um lugar disponível — nem casas vazias nem apartamentos, e os hotéis já estavam lotados. Sua resposta foi rápida:

— Venha para a minha casa. Ficarei feliz em te acolher.

Dianne havia oferecido sua casa como lar provisório em um programa voltado para mulheres que tentavam sair das ruas, se recuperavam do vício em drogas pesadas, ou ambos. Vicky imaginou que Dianne não tinha sido evacuada sozinha. As palavras escaparam de sua boca:

— Por favor, fique à vontade para trazer mais alguém que esteja contigo.

Elas chegaram, e durante os vários meses que se seguiram Vicky hospedou e alimentou a amiga, além de mais duas mulheres que Dianne havia levado. Uma delas tinha um histórico de vício em cocaína. A outra vinha de um passado de prostituição. Na vida pré-Katrina de Vicky, ela nunca tinha conhecido uma prostituta pessoalmente, muito menos colocado os olhos em cocaína, então tudo naquela experiência era absolutamente novo. Um dia, meditando, pegou-se sorrindo: *Não é que eu odeie aventuras, mas prefiro as montanhas-russas, onde alguém se certifica de que estou presa com firmeza antes de o carrinho sair. Essa situação criada pelo Katrina é diferente de qualquer outra coisa que eu tenha experimentado na vida.*

O que se seguiu foi ainda mais inesperado. Muriel, uma vizinha de 85 anos, não aceitara ser evacuada, apesar da insistência de todos para que abandonasse sua casa. Dianne sentia um profundo pesar, imaginando que a idosa, a essa altura, já havia morrido. Muriel passara quase a vida toda em uma cadeira de rodas motorizada, devido a uma síndrome pós-poliomielite. Teria sido um milagre ela escapar das águas que não paravam de subir.

A história de Muriel era angustiante. Ela escapou ilesa depois que o furacão arrasou a cidade, mas se viu em grandes apuros quando a força da água rompeu os diques e começou a inundar sua casa de forma rápida e avassaladora. Sua cabeça ficou a mil: *Sei que assim que as águas alcançarem as baterias da cadeira de rodas ficarei completamente desamparada.*

Tentando raciocinar, foi para junto da cama o mais rápido que conseguiu. Devido às características de sua incapacidade física, ela normalmente transferia seu corpo para a cama pela parte da frente do colchão, e não pela lateral. Teria de subir na cama para montar sua cadeira manual e colocá-la no chão.

Os pensamentos entraram em torvelinho quando percebeu que não haveria tempo para montar a cadeira manual, colocar o corpo sobre o assento e chegar à porta da frente da casa, a fim de deixá-la destrancada. A água subia rapidamente. Trabalhando o mais depressa que podia, conseguiu abrir a cadeira manual sem sair da cadeira motorizada. Mais tarde, ela contou o que aconteceu logo em seguida:

— Senti uma presença no quarto, Vicky. Alguém me levantou da cadeira motorizada e me colocou na manual. Eu estava sozinha, mas senti braços fortes que me enlaçaram, me levantaram no colo e me transferiram de cadeira.

Muriel não teve tempo para refletir sobre o milagre que acabara de acontecer. Mais que depressa, seguiu até a parte da frente da casa e viu, pela janela, que as águas subiam cada vez mais rápido; nesse instante, ouviu alguém bater na porta. Vizinhos imaginaram que ela ainda deveria estar em casa e tinham ido verificar. Quando Muriel conseguiu chegar à porta e a destrancou, eles já haviam desistido e desciam pelos degraus da entrada. Vários outros homens já estavam na rua com água pela cintura.

Muriel gritou e eles retornaram. Antes de bater em sua porta, os voluntários haviam seguido rua abaixo até uma casa onde sabiam que o proprietário mantinha um bote. Depois de trazerem a embarcação, transferiram Muriel para ela, mas descobriram que havia um furo na lateral. Dois homens puxavam o bote pela rua alagada. Um deles tirava a água que entrava com um balde de plástico, enquanto o outro ficou bem ao lado de Muriel, amparando a idosa, para mantê-la calma e estável.

Navegando rua abaixo pela área inundada, finalmente chegaram ao destino: uma casa de dois andares. Os homens carregaram Muriel no colo por uma escada estreita e a colocaram em um quarto onde já haviam sido instaladas outras 12 pessoas. Ao se assegurarem de que a idosa estava temporariamente em segurança, os rapazes voltaram à sua casa, pegaram a cadeira manual dobrável e a levaram de volta à dona.

Depois de todos passarem a noite naquele quarto quente e superlotado, um barco da Guarda Costeira chegou. Os homens que estavam dentro da casa carregaram Muriel por uma janela e a colocaram sentada no telhado íngreme, que ficava sobre a varanda do andar de baixo. Com todo o cuidado, os salva-vidas baixaram Muriel do telhado até outro bote. Mais tarde, ela comentou:

— Até hoje eu não sei como aqueles homens conseguiram a façanha de me levar dali em segurança. Embora eu tivesse vivenciado o milagre de alguém ter me transferido da cadeira motorizada para a manual, duvidava muito que conseguiria sobreviver àquela catástrofe.

Vicky chegou em casa do trabalho e Dianne, muito entusiasmada, lhe informou:

— Você não vai acreditar em quem me ligou hoje: Muriel! Ela está viva e foi transferida para um abrigo em Houston!

Em seguida, perguntou a Vicky se alguma de suas amigas do grupo de estudos da Bíblia aceitaria acolher Muriel. Essas cristãs vinham enviando pequenos pacotes com mantimentos e cartões para aquelas mulheres que nunca tinham conhecido — estranhas que precisavam de ajuda. Vicky comentou, mais tarde:

— Laços de fraternidade foram criados de forma quase instantânea.

Vicky conversou muito com Muriel, por telefone, sobre o que poderia ser feito em seguida. Vicky e Dianne conseguiram que ela fosse transferida para um trailer da FEMA (Agência Federal de Gestão de Emergências), em Nova Orleans, mas sabiam que aquilo não passava de uma solução temporária. Muriel sonhava voltar para casa; queria se estabelecer novamente em um local que lhe fosse familiar. À medida que o tempo foi passando, Muriel percebeu que seu bairro nunca mais seria o mesmo. Ficou claro que a tarefa de restaurar sua casa para torná-la outra vez habitável era um projeto grandioso demais para alguém da sua idade, além de estar acima de suas possibilidades financeiras. Ela chegou a comentar:

— Se eu tivesse 50 anos menos, enfrentaria esse desafio.

Mais ou menos por essa época, Alicia, uma amiga de Vicky, lhe sugeriu:

— Muriel precisa de alguém. Ela poderia vir morar com *você*.

Vicky era solteira e vivia em uma casa de quatro quartos, mas essa não era a solução ideal, por várias razões. A cadeira de rodas de Muriel era larga demais para passar pela porta dos dois banheiros da casa de Vicky, e nenhum cômodo serviria para acomodar uma cadeirante. Além do mais, Dianne e as outras duas mulheres que tinham vindo de Nova Orleans já haviam sido realocadas, e a vida de Vicky começava a voltar ao "normal".

Vicky se virou para Alicia e disse:

— Não, não, não... De jeito nenhum. Pode começar a pensar em outra solução.

Um dia, porém, quando percorria o caminho que ia dar na sua porta de entrada, Vicky reparou em um espaço que lhe servia de oficina e depósito, e tinha ligação com os fundos da casa. Quase congelou de emoção, e sua mente começou a trabalhar freneticamente: *Se esse espaço recebesse instalações de água e esgoto, poderia ser transformado em uma suíte adaptada para cadeirantes e serviria para acolher Muriel.*

Ela logo percebeu que esse era um projeto que não conseguiria colocar em prática sozinha, e ligou para Muriel.

— Tive uma ideia. Você poderia vir morar comigo.

Vicky contou a Muriel sua ideia de adaptar a oficina para receber a cadeira de rodas de Muriel e disse que aguardaria uma resposta dela.

O cansado coração de Muriel já vinha se comovendo pelo amor e pela compaixão imensuráveis de Vicky e suas amigas, e sua reação foi imediata:

— Eu não imagino outro lugar onde pudesse me sentir melhor.

O plano pareceu decolar, mas só até Vicky receber o valor do orçamento e se espantar com os altos custos do trabalho de remodelação. A oficina tinha eletricidade, mas não dispunha de encanamento de nenhum tipo. Precisava de novas paredes internas, um chuveiro adaptado para cadeirantes e armários especiais. A despesa seria absurda; nem Muriel nem Vicky dispunham de tanto dinheiro.

A história de que Vicky tinha uma ligação especial com uma das vítimas do furacão Katrina começou a se espalhar. Mac, um senhor aposentado que frequentava a mesma igreja dela, procurou-a na semana seguinte, ao final do serviço dominical.

— Posso ir lá dar uma olhada para ver do que vocês estão precisando? — perguntou, bastante animado. — Talvez eu possa ajudar com uma parte do trabalho.

Clayton, um outro frequentador da igreja, brincou com Vicky:

— Você está tentando abraçar o mundo com as pernas. Vou montar um grupo de voluntários para ajudá-la.

O que aconteceu nas semanas que se seguiram só pode ser descrito como milagre. Jack, o empreiteiro, ofereceu seus serviços de graça. Mac aparecia nos dias de semana para trabalhar, e Clayton e seus voluntários iam lá todos os sábados. Jerry, outro voluntário, comprou uma geladeira do tipo *side-by-side* e a instalou na suíte, para facilitar o acesso de Muriel. Jack inspecionava o trabalho dos voluntários e se encontrava com Clayton durante a semana para planejar o que fazer em seguida. Voluntárias se ofereceram para a pintura. Também fizeram cortinas e compraram roupas de cama.

Um verdadeiro mutirão de solidariedade estava montado e trabalhando a todo vapor.

Rapazes do grupo jovem da igreja se ofereceram para cavar as valas e instalar os canos de água e esgoto. Na primeira manhã em que o sistema de saneamento estava sendo cavado, Vicky ficou nervosa, pois sabia que não havia gente suficiente para dar conta daquele trabalho gigantesco. Ao olhar pela janela, viu dois carros pararem diante da casa. As portas se abriram e cinco estudantes da Universidade Estadual da Louisiana saltaram, cada um carregando uma pá. O trabalho foi completado em tempo recorde. Com a ajuda extraordinária de inúmeras pessoas, a suíte de Muriel foi construída, e a mulher que um dia fora uma estranha se tornou parte da família.

*Portanto, recebei-vos uns aos outros,
como também Cristo nos recebeu,
para a glória de Deus.*

EPÍSTOLA AOS ROMANOS 15:7

> A coisa mais grandiosa que um homem pode fazer
> pelo Pai Celestial... é ser bom para alguns de
> Seus outros filhos.[1]
>
> HENRY DRUMMOND

## CAPÍTULO 2

# O Casamento Secreto

POR JENNIE AFMAN DIMKOFF

— Por favor, senhora... Saberia informar se existe algum quarto para alugar aqui nas redondezas?

Ella enxugou as mãos em uma toalhinha enquanto analisava o rapaz do outro lado da porta com tela.

— Eu tenho emprego, senhora, mas preciso muito alugar um quarto — completou o bonito soldado, em pé diante da porta, trajando uniforme do Exército e trazendo um saco de lona que pousara no chão.

O ano era 1946. Ella e John tinham duas filhinhas e não alimentavam a *mínima* intenção de alugar o quarto extra para ninguém. Entretanto, algo no rapaz cutucou o coração de Ella. Seu irmão havia morrido na guerra, e o rapaz parado à porta parecia tanto com ele que a mulher não conseguiu simplesmente dispensá-lo.

— Bem... Não sei dizer ao certo. Você poderia esperar um instantinho?

Ella foi procurar o marido e, minutos depois, Clyde Afman foi muito bem recebido.

— Temos algumas regras por aqui — explicaram os donos da casa ao novo inquilino, depois de deixarem bem claro que o quarto extra só poderia ser usado por *ele*. Nada de amigos circulando ou pernoitando por lá.

Nessa mesma noite, Clyde deitou-se na nova cama e se encantou com a bondade de Deus. Ele havia acabado de completar seu período de serviço militar e voltara da Alemanha ileso, o que não aconteceu com tantos outros. Seu novo emprego era estável e agora Deus lhe providenciara um quarto na casa de uma família adorável por um preço que ele poderia pagar. Balançou a cabeça para os lados, maravilhado. Aquela tinha sido a primeira porta na qual ele ousara bater! E a casa se localizava não somente perto do seu trabalho, mas ficava a apenas 27 quilômetros de Pauline! Ele adormeceu com um sorriso no rosto, lembrando-se da noite em que a conhecera.

Com 22 anos e solteira, Pauline estava se divertindo em companhia de uma amiga. Filha de um ministro religioso muito conservador, a moça trabalhava na tesouraria da prefeitura de Kent, e também tinha um emprego de meio expediente como telefonista. Adorava ir ao rinque de patinação local, a fim de esquecer as tristezas da guerra. Ela havia saído com diversos rapazes durante os últimos anos, até ficara noiva e já sofrera muito por amor; naquela noite de segunda-feira, tudo o que queria era se divertir.

Ao circular o rinque pela segunda vez em seus patins de rodinhas, Pauline reparou com mais atenção no soldado alto, bonito e uniformizado, patinando junto dela. Na primeira volta, ele já a tinha fitado com atenção e sorrira. Seu coração deu um pulo e ela devolveu o sorriso. Na segunda vez, ele lhe estendeu a mão.

— Quer patinar comigo? — convidou ele.

Quando Pauline concordou com a cabeça, o sorriso de mil watts que ela exibiu quase fez Clyde tropeçar nas próprias pernas! Canção após canção, patinaram juntos e, quando a noite se encerrou, ele pediu para levá-la em casa, onde dividiram uma fatia de bolo com leite quente e conversaram horas a fio. Ela já havia marcado um encontro com um amigo para o dia seguinte, por isso combinaram de se encontrarem novamente na quarta-feira à noite. Ele chegou mais cedo que o combinado. Naquela primeira semana, viram-se todas as noites e foram aprendendo cada vez mais um sobre o outro. Pauline se sentiu empolgada quando percebeu que Clyde era um cristão que não tinha medo de conversar sobre espiritualidade. À medida que aquele tempo juntos se esgotava, cada momento se tornou mais e mais precioso, e floresceu entre eles um amor jovem e puro.

Clyde Afman nunca havia se sentido daquele jeito com nenhuma mulher. Entretanto, guardava um importante segredo que ainda não contara para Pauline. Ele já estava comprometido com outra jovem! Antes de pegar o trem de volta para a sua base na Califórnia, decidiu confessar que já havia pedido a mão de outra mulher, mas garantiu: iria terminar tal relacionamento. Deu um beijo inocente em Pauline e partiu.

De volta à Califórnia, Clyde aproveitou sua primeira licença militar e pegou carona pelas estradas até o Texas, onde pediu humildemente o perdão da mulher com quem se comprometera; em seguida, fez questão de lhe contar, olhos nos olhos, que havia encontrado outra pessoa. Foi uma viagem difícil, tanto física quanto emocionalmente, mas, quando a completou, se sentiu, de uma vez por todas, um homem liberto.

Em uma carta para Pauline, contou o que havia feito e começaram a se corresponder com bastante regularidade. Ao completar o período de obrigações militares, Clyde finalmente se viu liberado para voltar e reafirmar seu amor pela mulher com quem pretendia se casar. Pegou carona pelas estradas da Califórnia até o Michigan e propôs casamento logo na primeira noite em que a viu novamente. Repetiu a proposta todas as noites durante uma semana, até que ela aceitou.

Agora que estava trabalhando e morando a apenas 27 quilômetros de Pauline, Clyde pegava o ônibus intermunicipal até Grand Rapids várias vezes por semana, para poderem ficar bem juntinhos. Clyde adorava estar com ela, mas não foi bem recebido pelos irmãos de Pauline, e isso o incomodava demais. A mãe da jovem havia falecido três anos antes, e o pai era um ministro severo e intimidador, que não se mostrou satisfeito pela filha escolher como marido alguém que não pertencia à sua conservadora comunidade religiosa. Apesar disso, mostrou-se disposto a realizar a cerimônia.

As semanas e meses foram passando e a data do casamento enfim foi marcada. Em vez de se ver alegre, porém, Pauline se sentia mais tensa a cada dia. Queria desesperadamente se casar com Clyde, mas vivia angustiada com a forte desaprovação da família ao noivo. Quando uma de suas melhores amigas fugiu com o namorado e se casou depois de um simples exame de sangue obrigatório, sem precisar esperar pelos proclamas, um plano foi tomando forma em seu coração.

— Nós poderíamos fazer a mesma coisa... fugir e casar — propôs Pauline. — Seria algo oficial, e mais ninguém encheria nossos ouvidos para desistirmos da ideia!

Foi então que decidiram fugir juntos, mas continuar levando vidas separadas, e, ao retornarem, não contar que já estavam oficialmente comprometidos pelo menos até depois da cerimônia de casamento, que já estava devidamente marcada. Agindo assim, eles não magoariam os sentimentos do pai nem se arriscariam a enfrentar a ira dos irmãos de Pauline.

E foi o que fizeram. A empolgação durou um ou dois dias, até que o segredo e a longa expectativa de ambos para estarem juntos como marido e mulher começaram a cobrar seu preço. Mantiveram a união secreta por um mês, até perceberem que não seria possível levar a mentira adiante. Um dia, Clyde foi até Grand Rapids de ônibus e encontrou Pauline quase às lágrimas.

— Não aguento mais essa farsa, Clyde. Quero contar a eles. Vamos fazer isso esta noite! — Pauline então começou a chorar.

— Tem certeza, meu bem? Não chore. Você não quer que seu pai celebre nossa cerimônia de casamento?

— O que eu quero é ficar ao seu lado, não aguento mais viver uma mentira! Estou enlouquecendo só por vê-lo vindo me visitar todo dia. Precisamos contar a eles hoje à noite sobre nossa decisão definitiva de ficarmos juntos!

E assim foi feito. Uma reunião de família foi convocada naquele mesmo dia. O pai e os quatro irmãos de Pauline se juntaram à mesa. Mas a coisa não correu nada bem.

Mais tarde, enquanto Clyde esperava na varanda, Pauline, chorando, foi para o quarto preparar uma trouxa. Pegou uma camisola, escova de dentes, roupas íntimas, colocou alguns itens de vestuário dentro da fronha e desceu as escadas. Clyde enlaçou pela cintura a futura esposa atormentada, que conti-

O Casamento Secreto   25

nuava agarrada à fronha como se sua vida dependesse disso. Sabendo que toda a família os observava pelas janelas, por trás das cortinas, o casal foi para o ponto de ônibus. Ainda tinham obstáculos pela frente. O primeiro era o fato de estarem a 27 quilômetros do quarto de Clyde em Cutlerville. Além disso, o último ônibus saía às nove da noite, e já eram nove e meia. Olhando para os carros que passavam, Clyde estendeu o polegar para pedir carona.

Um casal de idosos que passava pela estrada em um velho Ford modelo A se viu diante de uma cena incomum. No acostamento havia um casal em apuros. O rapaz estava com o polegar estendido e a jovem ao seu lado vinha *pendurada* ao seu braço com uma das mãos, enquanto a outra abraçava uma fronha estufada. Seu rosto mostrava claramente que tinha chorado muito.

— Para onde vão? — perguntou o senhor ao volante.

Suspirando de alívio, Clyde respondeu:

— Cutlerville, senhor. — Virando-se para o lado, deu um beijo no rosto de Pauline e completou: — Estamos de saída para a nossa lua de mel.

— Ora, ora, quem diria! — O velho sorriu. — Eu e minha esposa estamos justamente indo para Cutlerville! Vamos deixá-los na porta de casa. Recém-casados, hein? Você ouviu isso, Hazel?

A viagem que os levou por aqueles 27 quilômetros foi uma bênção, porém, quanto mais se aproximavam, mais preocupado Clyde ficava. Ella e John tinham sido muito generosos em lhe alugar o quarto, mas haviam imposto regras rígidas. Uma dessas regras estava para ser colocada à prova, mas Clyde não via outra alternativa, muito menos às 10 da noite.

Depois de agradecer aos gentis donos do Ford modelo A, Clyde e Pauline seguiram na direção da porta da casa. Normalmente, ele entrava sem se fazer anunciar, mas não naquela noite. Com Pauline trêmula ao seu lado, bateu na porta e aguardou.

— Ora, Clyde, por que... — Ella interrompeu a frase pelo meio ao abrir a porta e analisar o que tinha diante de si.

— Senhora Ella — disse Clyde, com ar grave. — Eu gostaria de lhe apresentar a minha esposa.

Um silêncio de espanto se seguiu por um breve instante, mas logo os braços de Ella se abriram envolvendo o casal em um abraço cordial e amoroso.

— Meus parabéns! Entrem! John, Clyde trouxe a esposa para casa! Pegue uma sidra, isso pede uma celebração!

Mais tarde, depois de dar apenas congratulações aos noivos e nem um comentário sequer sobre as "regras da casa", John manteve Clyde ocupado enquanto Ella levava a jovem Pauline, emocionalmente exausta, para o andar de cima. Após mostrar, com muito carinho, onde a moça poderia tomar um banho e se preparar para o marido, Ella colocou lençóis novos na cama de Clyde, para passarem a noite em um local limpo e agradável.

Clyde e Pauline tinham muito pouco com o que começar a vida de casados, e a família dela não lhes deu nenhum presente de casamento, mas aconteceu uma festa surpresa em homenagem a eles, naquela mesma semana, uma espécie de chá de panela com presentes práticos para ajudá-los a montar um lar. Compareceram pessoas que eles nem conheciam, todos parentes dos anfitriões.

Mais de 60 anos se passaram desde o dia em que Deus estendeu Sua mão e modificou para sempre as vidas de duas pessoas chamadas Clyde e Pauline Afman, oferecendo-lhes um amor que perduraria durante várias gerações. Naqueles primeiros dias, Deus os abençoou ao fornecer moradia, transporte, utensílios domésticos, e muito apoio e alegria, em um momento em que achavam que ninguém no mundo se importava com sua felicidade. A ferida com a família de mamãe foi curada há alguns anos, mas eu gostaria muito que meu avô tivesse visto meus pais assumirem um ministério religioso em tempo integral. Como filha deles, hoje adulta, percebo que algumas das escolhas que fizeram no início, bem como sua percepção do momento certo para fazer as coisas, foram impulsivas e, algumas vezes, estranhas; mesmo assim, desde o tempo em que eu era menina e ouvia tudo com mais detalhes, a história de meus pais sempre me pareceu tremendamente romântica! Apesar de tudo, Deus escolheu protegê-los e lhes propiciou um futuro. Sou especialmente grata por Deus ter tocado a vida de meus pais com a amizade de John e Ella, sementes que floresceram sob a mesma forma de generosa hospitalidade que meus pais demonstraram ao longo de toda a vida.

*Eu era um forasteiro, e me acolhestes.*

MATEUS 25:35

> **Senso de humor bem desenvolvido é a fina haste que dá equilíbrio aos nossos passos enquanto caminhamos pela corda bamba da vida.**[1]
>
> WILLIAM WARD

## CAPÍTULO 3

# *O Casaco Desaparecido*

POR CAROL KENT

Como eu era uma dos seis filhos de um pregador religioso, sempre soube como viver com um orçamento apertado. Nossa família era especializada na arte de reciclar roupas ou fuçar ofertas no brechó Goodwill, e também em bazares domésticos e lojas de revenda de produtos usados. Aceitávamos roupas de segunda mão, e todas as cinco meninas de nossa família aprenderam a encurtar e esticar bainhas; além disso, sabíamos como usar um cinto largo para fazer um vestido três números maior parecer uma peça feita sob medida para a pessoa que o usava. Era uma diversão inventar reformas caprichadas para modelos sem graça; botões novos, fitas e galões funcionavam como verdadeiras plásticas faciais que tiravam as rugas de roupas velhas ou desmazeladas.

A maior diversão era quando uma irmã mais velha passava para uma das caçulas uma peça de roupa obviamente fora de moda. Ela era imediatamente transformada em uma nova vestimenta tão original e dentro das últimas tendências que a antiga dona acabava se arrependendo de ter se desfeito. Para nós, isso tudo era gostoso demais, e nunca percebemos que éramos pobres, pois tínhamos comida suficiente na mesa, um teto sobre nossas cabeças, muitas risadas, alegria, fraternidade e fortes princípios espirituais.

Jamais me ocorreu, até eu me transformar em uma mulher adulta e casada, o quanto minha mãe havia sacrificado de sua própria vida para beneficiar os filhos. Apesar de mamãe diminuir, ocasionalmente, os gastos de mercearia para que todos nós tivéssemos roupas novas de vez em quando, ela nunca usava as economias consigo mesma. Nossas carências vinham sempre antes das dela.

Um dia, uma vizinha da cidadezinha em que morávamos reparou que mamãe precisava de um bom casaco de inverno. Convidou-a, então, para ir à sua casa, avisando que tinha um presente especial para lhe dar. A surpresa era um casaco que havia pertencido à sua própria mãe que falecera havia 15 anos. Ela abriu um antigo armário e pegou o casaco, apertando-o de encontro ao peito enquanto viajava mentalmente por doces lembranças. Em seguida, falando devagar, como se escolhesse as palavras, disse:

— Eu nunca consegui me separar dessa roupa antes, mas sei que *você* vai aproveitá-la bem. Parece novo! Mamãe usou pouquíssimas vezes.

À primeira vista o casaco parecia promissor, mas, quando minha mãe o experimentou, percebeu que havia problemas. Depois de passar uma década e meia guardado, o forro do casaco, originalmente azul, apresentava agora estranhas listras roxas. Estava apertado na cintura e as mangas eram curtas demais. A vizinha que tanto adorava o casaco da mãe idosa parecia empolgada por ter a chance de passar aquele tesouro para minha mãe. Garantindo que o casaco lhe cairia divinamente, a vizinha afirmou:

— Estou muito feliz, pois sei que você vai usá-lo.

Mais tarde, soubemos que mamãe achou que recusar o casaco seria uma ofensa à bondade e generosidade da vizinha. As lembranças ligadas à roupa lhe acrescentavam um grande valor sentimental. Minha mãe agradeceu o presente e levou o agasalho para casa.

Apesar de tentar esconder seus sentimentos, percebi que minha mãe nunca se sentia à vontade quando o vestia, achando que lhe caía mal. Mesmo assim, ela o usou durante todo o inverno. Mamãe tinha aprendido havia muito tempo que não devia reclamar de coisas que não gostava e que não tinha como mudar. Muitos anos depois, descobri que a única pessoa a quem mamãe confidenciou o quanto o casaco a incomodava foi sua grande amiga Karen.

Mais um ano se passou e as árvores assumiram a gloriosa roupagem das cores outonais. O tempo estava frio, porém mamãe preferia usar um suéter, em vez do casaco. Entretanto, quando a neve caiu e a temperatura despencou abaixo de zero, ela *teve* de usar o casaco. Foi buscá-lo no armário, mas não conseguiu encontrá-lo em lugar algum. Sem se deixar vencer, vasculhou em todos os armários da casa, em busca da peça desaparecida, mas acabou percebendo que devia tê-lo deixado pendurado no armário do saguão da igreja... mas lá também não estava! Ela contou a Karen sobre o desaparecimento do casaco e sua amiga disse:

— Não se preocupe com isso, Pauline, vou te levar às compras! Quero te dar um casaco novo, você precisa de um que lhe caia muito bem.

Naquele ano, a amiga de mamãe lhe deu um casaco de inverno novo e belíssimo. Exatamente o que ela precisava: um presente tão lindo que ela jamais o teria comprado para si mesma. Mamãe nunca mais comentou sobre o desaparecimento, mas eu sabia que ela se sentia aliviada, no fundo, por não precisar mais vesti-lo. E como já havia usado o casaco de segunda mão que ganhara da vizinha durante uma temporada inteira, a pessoa que lhe deu o presente nunca mais tocou no assunto.

Vários anos se passaram e nossa família se preparava para mudar de cidade, pois papai tinha sido indicado para ser ministro de uma igreja que ficava em outro município. Quando o dia de nossa partida foi se aproximando, Karen e uma outra amiga, Janet, levaram mamãe para um jantar de despedida em seu restaurante favorito. Depois que a refeição foi servida, Karen olhou para mamãe com um brilho especial nos olhos e anunciou:

— Pauline, você sempre foi uma amiga muito especial para nós. Queremos lhe oferecer um presente para que você se lembre do quanto a amamos.

O presente veio embrulhado em uma caixa *imensa*. Mamãe olhou com curiosidade, pois não conseguia imaginar o que poderia estar ali dentro. Abriu o cartão e ficou com lágrimas nos olhos ao ler a mensagem carinhosa de Karen e Janet. Agradecendo muito às amigas por sua consideração, mamãe abriu delicadamente a caixa, tendo o cuidado de dobrar o lindo papel de presente, colocando-o de lado para ser reutilizado no futuro. Ao olhar para o que estava dentro da caixa, soltou um *grito*! Os clientes do restaurante olharam para ela, assustados, mas mamãe não pareceu perceber o tumulto que havia causado. Dentro da caixa estava o velho casaco com listras roxas no forro azul, o mesmo que tinha desaparecido!

A essa altura, Karen estava morrendo de rir e deu início à sua confissão, embora não parecesse culpada.

— Fui eu que o peguei — explicou ela. — Planejava comprar um casaco novo para você, de presente, mas surgiu um problema: eu não consegui descobrir o que faríamos com o velho. Não me pareceu adequado simplesmente jogá-lo no lixo, então eu o guardei comigo durante todos esses anos.

As três amigas riram tanto que chegaram a chorar.

Mais tarde, ao saírem do restaurante, foi a vez de minha mãe falar:

— Karen, eu me recuso a levar esse casaco para casa. Você vai ter de se livrar dele pessoalmente!

Em meio a novas gargalhadas, Karen aceitou levar de volta o casaco para seu armário.

O momento da nossa mudança para outra cidade finalmente chegou, e nos despedimos dos amigos já bastante saudosos. Eu sabia que mamãe sentiria muita falta das amigas. Algumas semanas mais tarde, ao recolher a correspondência, encontrou uma carta de Karen. Ao abrir o envelope, escorregou lá de dentro uma nota novinha de cinco dólares. O bilhete da amiga era curto: "Pauline, isso pertence a você. Uma pessoa acabou de comprar o seu velho casaco no bazar beneficente em minha casa!"

Quando mamãe contou essa emocionante história para a família reunida, naquela mesma noite, durante o jantar, ninguém conseguia parar de rir. Tinha sido abençoada em dobro. Primeiro, pela generosidade de uma amizade verdadeira, alguém que percebeu o quanto ela precisava de um casaco de inverno adequado ao seu tamanho; segundo, pela percepção da onda de alegria e risos espontâneos que só surgem a partir de experiências valiosas compartilhadas com amigos próximos que realmente amamos.

*Um coração alegre é um ótimo remédio...*
LIVRO DOS PROVÉRBIOS 17:22

> **As almas se encontram nos lábios dos amantes.**[1]
> PERCY BYSSHE SHELLEY

# CAPÍTULO 4

# *Uma História de Amor*

POR JENNIE AFMAN DIMKOFF

Desde quando fiz 15 anos, um sonho constante e um anseio no coração tomavam parte das minhas preces diárias: "Querido Pai Celestial, por favor, trazei-me um companheiro que seja o líder espiritual do nosso relacionamento. Fazei com que eu o reconheça de imediato e não aceite menos que isso."

Comecei a sair com rapazes quando ainda era bastante jovem, mas, ao chegar ao último ano do ensino médio, sabia que meu príncipe encantado, "de carne e osso", ainda não tinha aparecido. Embora eu só tivesse me encontrado com bons rapazes cristãos, não havia conhecido nenhum que se encaixasse na categoria de "líder espiritual". Foi então que, inesperadamente, recebi uma carta de um velho amigo me convidando para um encontro.

Veterano na Universidade de Michigan, Graydon era uma pessoa com quem eu sempre tinha sido totalmente honesta. Era o meu velho amigo que se dizia agnóstico, mas no fundo era, de fato, ateu, e adorava argumentar e debater o assunto comigo. Tentava me dissuadir de posições religiosas e questionava a própria *existência* do Criador. Logo comigo, uma filha de ministro religioso! Embora sempre caçoasse da minha fé, nossa amizade sincera tinha seguido em frente. Muitas vezes, desanimada com a posição de Graydon, eu orava muito, pedindo que sua visão sobre o assunto se modificasse. Levou quase quatro anos até que, *finalmente*, tornou-se devoto de Jesus Cristo. Desde essa resposta espantosa e surpreendente às minhas preces, passei a apreciar e acompanhar de perto seu crescimento espiritual, e a mudança que aconteceu em sua vida também serviu de grande impulso para a minha própria fé.

Morávamos a uma hora de distância um do outro, e eu ainda não tinha tido oportunidade de parabenizar Graydon pessoalmente pela conversão, mas as cartas que trocávamos adquiriram uma nova dimensão espiritual e se tornaram algo precioso em minha vida. Uma vez, em uma de suas cartas, ele me surpreendeu novamente com uma sugestão:

*Jennie, sei que você orou fervorosamente por mim durante muitas noites. Agora, eu também tenho o privilégio de orar por você. Tive uma ideia: por que não oramos "juntos" todos os dias, às 11 da noite, cada um em sua casa?*

E foi assim que, mesmo separados por muitos quilômetros, dois amigos faziam uma pausa todas as noites, diante do Senhor, em oração, cada um sabedor que o outro também estava orando naquele exato momento. Apesar disso e de a amizade nos ser valiosa e profunda, nosso relacionamento tinha sido platônico desde o início, e igualmente divertido e *confortável* — pelo menos até então.

## MILAGRES DO ÁGAPE

Sua correspondência mais recente havia mudado tudo.

Normalmente eu recebia de Graydon cartas cheias de novidades, relatos divertidos e, de vez em quando, mensagens introspectivas. No verão seguinte à sua conversão espiritual, Graydon partiu para um camping de treinamento voluntário das Forças Armadas. Estávamos em plena Guerra do Vietnã e, obviamente, o treinamento fizera com que ele refletisse sobre assuntos sérios. Para minha surpresa, certo dia, um envelope pardo chegou à minha casa, trazido pessoalmente por um jovem soldado. Havia uma carta dentro. O conteúdo me deixou chocada. Essencialmente dizia:

*Querida Jennie,*

*Estou com quase 23 anos e me sinto pronto para conhecer a garota dos meus sonhos. Por algum motivo, ando pensando que você talvez seja essa garota. Eu me sinto esquisito só por sugerir isso. Conheço você há vários anos e nem mesmo segurei sua mão! Pensei muito antes de enviar esta carta, porque não quero estragar a amizade especial que temos, caso exploremos essa possibilidade e as coisas não funcionem. É por isso que estou jogando a bola para você e espero ansiosamente pela sua decisão.*

Não respondi à carta de imediato. Simplesmente não sabia o que dizer. Então, quando lavava os pratos uma noite com a minha irmã, perguntei em voz alta:

— Por que me sinto confortável ao conversar com Deus sobre meus sentimentos por Graydon, mas não consigo me expressar diretamente para *ele*?

Foi quando uma luz pareceu acender sobre a minha cabeça. Corri para o meu quarto, peguei uma folha de papel de carta e comecei a escrever:

*Querido Pai Celestial,*

*Estou no olho do furacão. Sei que amo Graydon,
mas certamente esse não é o tipo de amor que leva as pessoas
a se casarem umas com as outras. Trata-se de um amor que
simplesmente floresceu ao orarmos juntos noite após noite,
e senti uma alegria imensa ao ver o Senhor conseguir falar
ao teimoso coração dele e lá realizar um milagre maravilhoso.*

*Estou tendo tanta dificuldade para responder à carta que
decidi conversar com o Senhor sobre o assunto, para pedir
que comunique meus sentimentos a Graydon no momento
em que julgar mais adequado.*

Depois de selar o envelope, enderecei-o a Graydon. No mesmo dia em que o recebeu ele me telefonou, perguntando se poderia aparecer para me ver, assim que conseguisse a primeira licença do treinamento militar.

Quando chegou o grande dia, eu me senti desconfortável e completamente insegura sobre como proceder e como me comportar. Quem poderia imaginar que eu me sentiria tão nervosa por encontrar um dos meus melhores amigos? Puxa, esse era o mesmo cara com quem eu convivia desde a oitava série; um amigo divertido e muito sociável com quem havia me correspondido regularmente depois que ele foi para a faculdade. Eu me sentia completamente à vontade para contar qualquer coisa a ele por carta naquela época. Cheguei até a lhe pedir conselhos sobre encontros com outros rapazes!

De repente, ali estava eu, sentada no sofá, com meu divertido amigo de infância, mas me sentindo tão estranha que preferia desaparecer para sempre.

— Jennie? — Graydon se virou de repente e me olhou com firmeza. — Lembra de que desde que eu me tornei cristão nós temos orado diariamente juntos, noite após noite, mas nunca tivemos a chance de orar *lado a lado* de verdade? Será que não poderíamos fazer isso agora?

Por um instante fiquei completamente muda, devido ao choque. De todos os rapazes cristãos *maduros* com quem eu tinha saído, nenhum jamais havia sugerido que orássemos juntos durante um encontro, e, agora, ali estava Graydon, um recém-convertido me propondo exatamente isso. Assenti, e ele me surpreendeu ainda mais ao se colocar de joelhos junto ao velho sofá da casa dos meus pais. Ajoelhei-me ao lado dele e então, pela primeira vez nos muitos anos em que nos conhecíamos, estendeu o braço, exibiu um sorriso terno, segurou minha mão, curvou a cabeça e orou: *Querido Pai, obrigado por nos amar tanto. A verdade é que Jennie e eu estamos nos sentindo muito estranhos neste exato momento. O Senhor sabe o quanto nossa amizade é especial, e não queremos estragá-la. Portanto, entregamos esse relacionamento em Suas mãos. Se o Senhor quiser que sejamos apenas bons amigos, por favor, faça com que esta seja a melhor amizade que o mundo já viu. Se, no entanto, o Senhor desejar que nossos laços evoluam para algo além disso, ótimo. Vá em frente e torne nossa relação algo maior.*

Quando Graydon acabou a singela prece, eu sabia que era a minha vez de falar, mas não consegui dizer uma única palavra. Desde o momento em que ele dera início à oração, lágrimas de alegria haviam começado a escorrer pelo meu rosto. Quando percebeu que eu não conseguia falar nada, abriu os olhos, virou-se para mim, envolveu meu queixo com as mãos e passou os polegares, carinhosamente, pelas minhas bochechas molhadas. Em seguida, ainda de joelhos, ele me puxou para dentro dos seus braços e me beijou profundamente, como se não houvesse amanhã. Foi um beijo repleto de alegria. Um beijo pleno de deslumbramento, intimidade e promessa.

Na manhã seguinte, ao analisar o porquê de eu ter chorado, entendi que aquelas lágrimas haviam sido uma resposta do fundo do coração, pois eu tinha acabado de reconhecer minha alma gêmea pela primeira vez. Deus nos abençoou de forma terna, com muita alegria. Ele havia atendido às minhas preces.

*Esta é a minha oração: que o amor floresça, e que amem não apenas em abundância, mas que amem bem. Aprendam a amar de forma apropriada. Vocês precisam usar a cabeça e testar os sentimentos, para que o seu amor seja sincero e inteligente, não algo descompromissado e sentimental. Vivam uma vida de quem ama de verdade; de circunspecção, exemplar, uma vida da qual Jesus teria orgulho.*

EPÍSTOLA AOS FILIPENSES —
ADAPTAÇÃO DOS VERSÍCULOS 1:9-10

A compaixão nos leva a parar de repente e, por um momento, nos elevamos acima de nós mesmos.[1]

MASON COOLEY

CAPÍTULO 5

# Uma Descoberta Inesperada em Manhattan

POR CAROL KENT

Era agosto de 1997, e Wendy Harrison estava de férias de seu emprego como cabeleireira em Lakeland, na Flórida. Animadíssima, embarcou no avião para sua primeira viagem a Nova York. Estava louca para experimentar as paisagens, os sabores e os sons da Big Apple. Três horas depois, o avião aterrissou no aeroporto LaGuardia. Ela recolheu a bagagem, saiu e chamou um táxi. Ao se aproximar da cidade, apreciou as silhuetas dos majestosos arranha-céus que se desenhavam no horizonte. Néons gigantescos pareciam acenar para ela, convidando-a para assistir às produções da Broadway. Wendy se sentiu hipnotizada pela eletricidade eufórica da agitada megalópole.

O táxi parou perto da Times Square, próximo de onde o amigo Matt tinha um apartamento. Ele havia se mudado para a cidade grande a fim de trabalhar como bancário, e mais cedo explicara à amiga:

— Meu apartamento fica num bairro chamado Hell's Kitchen, o aluguel lá é um pouco mais barato.

Wendy, depois, soube que aquele bairro era uma área de *destaque* em Nova York, três décadas atrás, no tempo em que ficou famoso por ser o núcleo do crime organizado. Originalmente um baluarte de descendentes pobres de imigrantes irlandeses, Hell's Kitchen havia experimentado uma verdadeira revolução socioeconômica nos anos recentes. À medida que pessoas mais ricas compravam os imóveis, a aparência de todo o bairro começou a se modificar para melhor.

Levou menos de 24 horas para que Wendy percebesse um som onipresente. Era uma espécie de zumbido constante, típico de um centro urbano multiétnico que tinha tanta vida à noite quanto de dia. Logo em seguida, porém, ela fez uma descoberta ainda mais surpreendente. Em um contraste marcante com o esplendor e o glamour da cidade, havia também imagens e sons bem menos atraentes.

Certa manhã, uma mulher vestindo apenas um imenso saco preto de lixo atraiu sua atenção e gritou:

— Tá olhando o quê?

Wendy engoliu em seco. Nunca tinha sido exposta a tal nível de pobreza em toda a sua vida, e percebeu que era mais fácil desviar o rosto e olhar para outra coisa do que lidar com o sentimento de desconforto em ver tantas pessoas necessitadas e não saber a qual delas ajudar. Descendo a rua, observou becos onde traficantes vendiam abertamente crack e cocaína. Essa não era a imagem de Nova York que havia proporcionado tantos sonhos a Wendy.

Alguns dias depois, quando voltava para o apartamento do amigo após mais um dia de compras, olhando atentamente para a frente enquanto carregava um monte de sacolas, sua atenção parou em um rapaz descolado e muito bem-vestido, diante de uma igreja em Times Square — a mesma igreja que visitara no domingo anterior. Ele cortava os cabelos de moradores de rua, e havia uma fila imensa de homens esperando a vez. Atraente, parecia completamente fora do seu ambiente natural. Quando Wendy chegou mais perto, reconheceu o profissional: era um cabeleireiro famosíssimo — um astro entre os cabeleireiros e donos de salões de beleza em todo o país. *Por que estava ali, trabalhando no meio da rua?*, especulou consigo mesma.

Movida por um poder invisível, Wendy colocou as compras no chão e perguntou:

— Olá, tem outra tesoura aí? Estou de férias, e também sou cabeleireira. Parece que você precisa de uma mãozinha. Há muita gente na fila e eu gostaria de ajudar.

Seguiram-se rápidos cumprimentos e apresentações, e a oferta de Wendy foi aceita de imediato. Foi assim que ela se viu cortando os cabelos de pessoas que jamais teria conhecido sob circunstâncias normais. Cada vez que terminava um corte, ela ouvia uma porção de comentários dos beneficiários de um puro ato de bondade espontânea:

*"Obrigado, dona, de coração."*
*"Desculpe por eu estar assim sujo."*
*"Tomara que eu não esteja fedendo muito."*
*"Ninguém me contrataria com o cabelo daquele jeito, e eu não tinha dinheiro para pagar um corte profissional. Muito obrigado."*

Quando acabou de cortar o cabelo do último cliente do dia, perguntou ao famoso cabeleireiro com que frequência oferecia esse tipo de serviço beneficente.

— Uma vez por mês — respondeu ele. — Isso ajuda as pessoas sem-teto a conseguir um emprego; é o meu jeito de devolver um pouco do que a vida me deu.

Apertando a mão de Wendy em gratidão, o cavalheiro lhe entregou um cartão e disse:

— Se um dia você estiver interessada em trabalhar no meu salão, ficarei honrado em empregá-la.

Wendy agradeceu o convite, percebendo que tinha acabado de vivenciar algo extraordinário: a alegria inesperada que surge quando sentimos o sorriso de Deus iluminando a nossa vida e recebemos o cumprimento de aprovação de um profissional que admiramos. Ali, no coração da Times Square, ela entendeu plenamente o poder da compaixão. É um dom que cobre de bênçãos tanto quem dá quanto quem recebe.

*Bem-aventurados os que cuidam.*
*No instante em que você demonstra*
*cuidados com uma pessoa,*
*alguém também cuida de você.*

EVANGELHO DE MATEUS — ADAPTAÇÃO DO VERSÍCULO 5:7

A palavra mais profana que podemos usar é "desesperança". Quando dizemos que uma pessoa ou uma situação está em um ponto onde não há mais esperança, estamos batendo a porta na cara de Deus.[1]

KATHY TROCCOLI

## CAPÍTULO 6

# O Dom de Rosa

POR JENNIE AFMAN DIMKOFF

Padre Daniel já servia como capelão havia dois anos quando conheceu Rosa no Centro de Tratamento Intensivo do hospital do Exército onde trabalhava, no sul da Califórnia. O padre exerceu a função durante tanto tempo que conseguia qualificar com precisão a miríade de tubos que saíam e entravam das camas do CTI como uma de duas possibilidades: um casulo de cura para alguns ou o último passo na direção da morte para outros. Entretanto, no instante em que entrou no CTI naquele dia especial, não tinha ideia da bênção que estava prestes a receber ao ser apresentado a Rosa.

Rosa era uma paciente de 37 anos que havia nascido com gravíssimas deficiências congênitas, que a deixaram com habilidades motoras extremamente limitadas. Quando ainda era bebê, a mãe fora negligente e abusiva, e Rosa acabou sendo retirada da custódia dela. Ao longo dos 17 anos que se seguiram, entrou e saiu de diversos abrigos e lares adotivos, todos na região metropolitana de Chicago.

Logo depois de Rosa completar 17 anos, um metalúrgico chamado Fernando Martinez, morreu de infarto em San Diego, na Califórnia. Quando o seu armário, na fábrica onde trabalhava, precisou ser esvaziado para que o conteúdo fosse entregue à família, entre os objetos de uso pessoal, manchados de óleo, havia uma carta imaculadamente limpa de uma jovem chamada Rosa Martinez, de Chicago, que andava insistentemente tentando entrar em contato com o pai. Pela data da carta, o pai de Rosa recebera aquela correspondência alguns meses antes de falecer, entretanto, não contou a ninguém e nunca respondeu.

— Vocês não vão acreditar: Fernando tinha uma filha da qual nenhum de nós tinha conhecimento! — anunciou tia Maria, sua irmã, contando a novidade para a mãe e para os outros familiares. — E a pobrezinha, gente, necessita de cuidados especiais, pelo que contou na carta.

— Se ela está morando em lares adotivos e abrigos públicos, e é sangue do nosso sangue, acho que devíamos trazê-la para casa — anunciou Esmeralda, a matriarca da família.

Agindo de acordo com o que o coração mandava, em duas semanas as tias de Rosa pegaram um voo até Chicago para conhecê-la e, sem pestanejar, se ofereceram para levá-la de volta, a fim de lhe dar a oportunidade de morar em San Diego com sua família, perdida há tanto tempo. Foi desse modo que, em vez de ganhar um pai, Rosa ganhou uma família completa, com dezenas de membros!

Conforme se verificou, Rosa era uma pessoa que realmente dependia por completo de cuidados constantes. Tinha uma mente brilhante, era inteligente, articulada, mas precisava de ajuda para se vestir, se alimentar e até para tomar banho. Acabou indo morar com sua tia Maria e ganhou uma cadeira de rodas motorizada, que ela operava com muita habilidade, movendo a boca com movimentos curtos.

Apesar das limitações, o espírito desbravador de Rosa e seu desejo de se tornar menos dependente a levaram mais longe do que ela jamais havia sonhado, e tia Maria desempenhou um grande papel nisso. Um dia, ela levou Rosa para passear de bonde e ensinou-a como entrar no veículo. Em seguida, explicou que tudo o que Rosa precisava fazer era saltar no próximo ponto. Maria prometeu que estaria lá esperando por ela. Rosa estava *aterrorizada*.

"Ó, por favor tia, esteja lá, esteja lá, *por favor*, esteja lá!", mentalizou o tempo todo, enquanto o bonde se aproximava do próximo ponto. O coração a mil por hora!

Conforme prometera, tia Maria estava lá esperando por Rosa no ponto seguinte.

— Eu consegui! Consegui fazer tudo sozinha! — comemorou Rosa, feliz da vida.

— Eu sabia que você conseguiria, Rosa! Tinha certeza absoluta! Quer tentar mais uma vez? Depois, vamos celebrar sua façanha tomando um delicioso sorvete!

Passado algum tempo, Rosa se tornou tão independente que fazia pequenas tarefas na rua e comprava produtos sozinha na mercearia perto de casa. Chegou a arrumar um namorado e, embora fosse fisicamente incapaz de ter filhos, sonhava em formar uma família.

Mas não foi só a sua tenacidade, nem apenas a sua força e vitalidade que inspiraram toda a família. Foi o seu coração. Devido à gravíssima deficiência física, Rosa escrevia com o lápis na boca. Eram cartões e recados compostos de forma simples, mas meticulosos e muito amorosos, principalmente para celebrar aniversários; também redigia bilhetes de agradecimento para familiares e amigos.

Durante 20 anos, o seu espírito caloroso, cheio de amor e gratidão, tornou-se a liga que manteve sua imensa família junta e criou uma unidade forte entre os membros, uma unidade que jamais existira. Achavam que estavam dando a ela o presente de ter uma família, mas eles é que receberam esse dom de Rosa.

Fisicamente frágil, Rosa tinha problemas graves e periódicos de saúde, e quando chegou aos 37 anos, foi levada para o CTI pela última vez. Foi lá que o padre Daniel teve a oportunidade de conhecê-la, de travar contato com sua grande família, de ouvir sua admirável história e de compreender o impacto que ela havia representado na vida de todos à sua volta.

Apesar de ser vítima de negligências e abusos na infância, Rosa morreu como um ser humano emocionalmente pleno e curado. Depois de ser o *poder de cura* para uma família despedaçada, teve 12 desses familiares ao seu lado no instante em que faleceu. Embora Rosa não tenha podido gerar os próprios filhos, ao morrer foi capaz de oferecer o dom da vida a duas pessoas, quando resolveu doar os órgãos. De certo modo, esses foram os seus bebês! Apesar de sua família se sentir pesarosa e enlutada, o dom da vida que ela proporcionou a outros tornou sua morte muito mais fácil de aceitar.

Rosa foi um presente de Deus, não apenas para a família Martinez, mas também para duas outras famílias.

*Eu desisti de focar apenas nos obstáculos e comecei a apreciar as bênçãos. Eram exemplos da força de Cristo se manifestando através das minhas fraquezas. Agora, encaro as limitações com firmeza e bom humor, e quanto às limitações que me arrasavam — abusos, acidentes, negativas, períodos de adversidade —, simplesmente deixo Cristo assumir o comando! Desse modo, quanto mais fraco estiver, mais forte me tornarei.*

SEGUNDA EPÍSTOLA AOS CORÍNTIOS — ADAPTAÇÃO DOS VERSÍCULOS 12:9-10

Deus se importa de verdade. Deus sabe o que está fazendo. E nos pede que confiemos Nele.
Pede para que nos lembremos de quem estamos tentando compreender — mesmo quando a situação parece não fazer sentido algum.[1]

DEE BRESTIN

CAPÍTULO 7

# *Cedo Demais*

POR CAROL KENT

Nosso voo finalmente aterrissou em Atlanta; Gene e eu rapidamente recolhemos nossa bagagem de mão e saímos do avião. Ainda no finger, ouvi o toque do meu celular, mas não atendi, porque o aparelho estava enterrado no fundo da bolsa e eu não podia parar de andar. Menos de 30 segundos depois foi o celular de Gene que tocou:

"Alô? Quem é? Desculpe, não estou conseguindo te ouvir muito bem. Como?!?"

Segundos depois, o rosto de Gene ficou branco como papel.

— Era a Paula, sua irmã. Tony foi encontrado morto no apartamento dele.

Minha cabeça entrou em parafuso. *Gene deve ter entendido errado. Nosso sobrinho tem apenas 27 anos, não pode ter morrido. Só tirava notas altas na faculdade. É um rapaz dinâmico, com uma vida inteira pela frente.*

Agarrando o celular, acelerei o passo, forçando passagem por entre a multidão que seguia para os portões de saída, e encontrei uma área um pouco menos congestionada, onde eu poderia conversar com minha irmã. Ela soluçava muito, e as palavras lhe transbordaram em uma cascata de emoção e incredulidade.

*Cedo Demais* 59

Ao longo dos últimos 18 meses, Tony andava sofrendo de um problema não diagnosticado que lhe provocava convulsões, e esteve internado diversas vezes durante esse período. Seus problemas de saúde haviam se agravado nos últimos meses devido a um acidente de bicicleta no qual fraturou algumas costelas e teve perfuração nos pulmões, o que evoluiu para um acúmulo de fluidos e o levou para o hospital mais uma vez. Ultimamente, porém, estava muito melhor, e todos nós achávamos que ele estivesse se recuperando. Como era possível que tivesse ido embora deste mundo? Mas era o que havia acontecido.

Por minutos, tudo o que eu consegui fazer ao telefone foi chorar com a minha irmã. Temos uma ligação especial — nós duas somos mães de filho único. Durante os dias que se seguiram, a vida de Paula virou um caos, com boletins policiais, autópsia e os preparativos para o velório, tudo isso seguido por uma experiência de partir o coração: organizar e recolher roupas e objetos pessoais do filho. Eu sabia que ela também estava muito preocupada com a condição espiritual dele na época da passagem. Minha irmã havia descoberto que Tony andava questionando a própria fé. Afinal, ter a vida engessada por um grave problema de saúde quando havia tantas esperanças e planos para o futuro foi para ele algo difícil de aceitar.

Alguns dias se passaram e, certa noite, Paula participava de uma cerimônia em homenagem ao filho em San Marcos, no Texas, junto de estudantes universitários que o conheciam e o admiravam. Foi um momento muito especial, onde recordou a vida do filho audaz, um rapaz brilhante, de ótimo senso de humor. Mas eu também soube que foi uma noite dura, pois ela se viu cara a cara com a triste e definitiva realidade que era a morte dele.

Fiquei me perguntando se não haveria alguma forma especial de confortar minha irmã. Foi quando me lembrei de outro momento muito difícil na vida dela. Tony tinha só 10 anos na época, e o casamento de Paula estava terminando em meio a um turbilhão de desafios e provações. Eu estava no Canadá, aonde tinha ido para assistir a uma palestra quando recebi uma ligação do meu marido:

— Paula ligou e perguntou se poderia colocar Tony em um avião aqui para o Michigan; pediu para ele ficar conosco enquanto cuida da papelada do divórcio, lá na Flórida. Vou pegá-lo no aeroporto amanhã. Ele estará aqui quando você chegar em casa.

Voltei no domingo de tardinha, bem a tempo de participar do serviço religioso em nossa igreja com meu marido, meu filho J. P. e meu sobrinho. Fiquei preocupada ao entrar no santuário, porque na frente dos bancos havia uma preparação para o serviço de comunhão e eu achei que Tony não entenderia o que aquilo significava. Quando sentamos em nossos lugares, peguei um pedaço de papel e uma caneta e entreguei ao garoto. Tinha esperança de que ele se distraísse desenhando e ficasse quieto durante a cerimônia. O serviço prosseguiu como de costume, com música devocional e o sermão seguido pela comunhão. O prato com o pão foi passando de mão em mão; peguei um pedacinho, preparado sem levedura, e passei o prato para outro paroquiano que estava sentado depois de J. P. e Tony. De repente, Tony segurou minha mão, olhou para mim e disse:

— Olha, eu sei o que é isso, tia Carol. É o dia em que lembramos que Jesus morreu por nós, não é?

— Sim, isso mesmo, Tony. Você gostaria de comungar conosco?

— Claro! — exclamou ele.

O prato com as porções de pão seco já tinha sido passado para a fileira seguinte, e só me sobrou na mão um pedacinho, que entreguei a Tony.

Mais uma vez, senti um puxão no braço. Ele segurava o pão entre o polegar e o indicador.

— Tia Carol — sussurrou ele —, você quer comungar comigo?

Naquela noite, no banco de uma igreja, meu sobrinho e eu compartilhamos o pão, comungamos juntos e lembramos que Cristo morreu na cruz por nossos pecados. O suco de uva que representava o sangue de Jesus passou, nós agradecemos a Deus por nos ter enviado o Seu filho e participamos de um serviço que jamais seria esquecido.

Olhei para o pedaço de papel que tinha entregado a Tony mais cedo. Ele havia desenhado uma cruz grande bem no meio da folha, e havia mais duas cruzes menores dos lados. Ele reparou que eu tinha gostado do desenho e explicou:

— Tia Carol, essa cruz grande no meio é aquela onde Jesus morreu. Havia homens maus nas cruzes dos dois lados dele. Mas um dos ladrões disse a Jesus que estava arrependido pelas coisas más que havia feito e pediu para ser perdoado. Jesus o perdoou *de verdade* e disse ao homem que ele estaria ao seu lado, no céu, por toda a eternidade.

Depois de reviver a doçura dessa experiência, que havia ficado guardada na minha memória durante anos, liguei para Paula e compartilhei as lembranças daquele dia distante com ela. Choramos ao telefone. Depois de algum tempo, Paula disse:

— Você nem imagina, minha querida, o quanto eu precisava ouvir isso hoje!

Eu sabia que aquilo serviria para lembrar a ela a decisão precoce do filho de convidar Cristo para entrar em sua vida, e isso lhe trouxe o doce calor do conforto. Nós duas sabíamos que Tony estava finalmente em casa — livre das dores físicas e absolutamente seguro nos braços de Jesus.

*Bendito seja o Pai de nosso Senhor Jesus Cristo, pai da misericórdia e senhor de toda a consolação.*
*Ele nos consola em todas as nossas tribulações, para que também possamos consolar os que tiverem problemas, através da consolação que nós mesmos obtemos de Deus.*

ADAPTAÇÃO DA SEGUNDA EPÍSTOLA AOS CORÍNTIOS 1:3-4

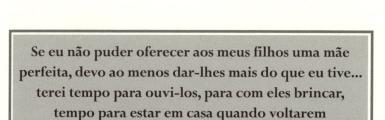

Se eu não puder oferecer aos meus filhos uma mãe perfeita, devo ao menos dar-lhes mais do que eu tive... terei tempo para ouvi-los, para com eles brincar, tempo para estar em casa quando voltarem da escola, tempo para aconselhá-los e encorajá-los.[1]

RUTH BELL GRAHAM

CAPÍTULO 8

# Milagre na Ladeira da Esperança

POR JENNIE AFMAN DIMKOFF

A vida era boa. Mark e Beth eram jovens recém-casados, cheios de sonhos idílicos para o futuro, e esses sonhos incluíam formar uma família. Embora Beth, professora do ensino fundamental, amasse cada aluno de sua turma, em pouco tempo ela e o esposo começaram a pensar em conceber um filho. Sabiam que essas coisas não acontecem da noite para o dia, mas os meses se transformaram em anos sem que acontecesse a tão sonhada e planejada gravidez. Foi então que, no outono de 2000, Mark, um mecânico de aviões com 35 anos, recebeu o diagnóstico de câncer nos testículos em estágio 3.

A esperança e o sonho de terem um filho foram despedaçados, e de repente toda a atenção do casal ficou focada na salvação e na sobrevivência deles mesmos. Enquanto a família e os amigos rezavam, Mark enfrentou três meses de rigorosos tratamentos de quimioterapia. Escapou com vida, contudo, a agressividade do tratamento cobrou um preço alto para as articulações de Mark. Aos 40 anos, seus quadris precisaram receber próteses.

Graças à recuperação, veio uma nova oportunidade de emprego na indústria de aviação, e isso levou o casal a se mudar para mais perto de suas famílias. Compraram sua primeira casa na Churchill Street, que ficava no alto de uma ladeira, e decidiram chamar carinhosamente o local de Ladeira da Esperança, pois planejavam enchê-la com crianças no futuro. Pesquisando opções para aumentar a família, conversaram com várias agências especializadas em adoção, mas ficaram desapontados ao perceber que o custo para conseguir uma adoção tradicional seria proibitivo. Também procuraram a opção de adoção de embriões congelados, conhecidos como *snowflakes*. Nessa modalidade, adotariam os embriões congelados não utilizados por casais que realizaram fertilização *in vitro* e já haviam completado a família. Por fim, entraram em um programa de lares adotivos temporários e decidiram dar um passo baseado na fé.

— Não planejem adotar nenhuma criança que recebam em casa porque mais da metade delas volta para suas famílias de origem, ouviram de uma assistente social.

Mark e Beth assistiram às aulas obrigatórias e se tornaram um casal autorizado a receber crianças em casa. Embora percebessem que seria traumático ter de abrir mão de crianças às quais tivessem se afeiçoado, solicitaram para que lhes fosse enviada uma que pudesse ficar com eles por um longo período. Rezaram e refletiram sobre cada um dos nomes que a agência ofereceu e, depois de estarem autorizados havia mais de seis meses, receberam Dakota.

No dia 4 de janeiro de 2005, um garotinho de dois anos com um passado de infortúnios, chegou à sua casa. Com olhos muito brilhantes e um sorriso cativante, o pequeno Dakota conquistou o coração do casal. Beth cantava para ele dormir todas as noites ao longo dos primeiros meses, massageando carinhosamente suas costas enquanto entoava um antigo hino: "Leve consigo o nome de Jesus, criança com pesar e dor. Isso lhe trará muita alegria e conforto. Leve-o sempre no coração, para onde você for..."

A voz de Beth às vezes falhava, e seu coração se inundava de preocupações sobre ter de devolver aquele menininho em algum momento. Meditou muito sobre a responsabilidade e o privilégio que recebeu, e sobre o seu papel de ajudar Dakota a aprender o máximo possível sobre Jesus durante o tempo em que ele ficaria em companhia do casal. Beth se lembrou de Joquebede, a mãe do bebê Moisés, na Bíblia. Embora Moisés fosse seu filho legítimo, Joquebede teve pouco tempo para lhe ensinar tudo que pôde a respeito de Deus, antes de enviá-lo para morar com os que não tinham fé no Senhor.

Chegaram notícias de que a mãe de Dakota estava grávida novamente e o bebê, meio-irmão de Dakota, poderia ser entregue a Mark e Beth logo depois de nascer. No dia 1º de abril daquele ano, pegaram James no hospital e o levaram para casa, três dias após seu nascimento, e receberam a informação de que, embora Dakota não estivesse disponível para adoção definitiva, talvez lhes fosse autorizada a adoção do recém-nascido. A novidade foi empolgante! Essa notícia levou muita alegria à casa, não só para o casal, mas também para toda a família, especialmente seus pais, que se tornariam avós. Ao longo dos dois meses que se seguiram, muito amor e afeição foram direcionados para Dakota e James, o mais novo membro da família.

Foi então que uma notícia terrível chegou. Depois de Mark e Beth terem acreditado que James seria deles, um juiz decidiu entregá-lo ao pai biológico. Arrasados, começaram a se preparar para abrir mão do bebê que haviam aprendido a amar. Seus corações ficaram tão pesarosos que Beth começou a ter náuseas constantes. Sentia-se frequentemente tão mal, que acabou tendo de ir ao médico. Voltou para casa trazendo na mão uma tirinha de papel cor-de-rosa e uma notícia surpreendente que fez seu coração transbordar de alegria.

*Estou grávida. Estou grávida! Estou grávida!!!*

Aquilo que os médicos haviam lhes assegurado que seria biologicamente impossível tinha acontecido!

A notícia os deixou desnorteados e empolgados ao mesmo tempo. Pela graça de Deus, pouco antes de terem de devolver James, Deus abençoou Mark e Beth com uma inesperada e supostamente impossível gravidez. Foi quando sentiram a mão Divina trabalhando em suas vidas, e essa percepção os ajudou a liberar James, o bebê precioso que já tinham aprendido a amar profundamente.

Aquele ano foi uma verdadeira montanha-russa emocional para ambos. Enquanto a gravidez de Beth avançava, os futuros pais receberam da agência a notícia de que lhes seria possível adotar Dakota! Os direitos dos pais biológicos seriam legalmente cancelados, mas as semanas que vieram a seguir foram uma sucessão de altos e baixos, pois atrasos burocráticos mantiveram em suspenso a possibilidade de o menino ir definitivamente para um lar adotivo. Em vez de se fixarem nos desapontamentos ao longo do processo, Mark, Beth e Dakota resolveram construir maravilhosas recordações, juntos. Um passeio ao circo foi muito divertido, mas o ponto alto, para Dakota, foi assistir a um rodeio com caubóis de verdade e ao vivo! Eles também andaram de trenó, construíram bonecos de neve e desenharam anjos no chão, sobre a superfície nevada. Os processos continuaram a se arrastar nos tribunais, mas, em novembro daquele ano, Mark e Beth finalmente receberam autorização para solicitar oficialmente a adoção.

No dia 4 de janeiro de 2006, exatamente um ano depois da chegada de Dakota em suas vidas, Beth deu à luz Kara, uma linda menina. Dois meses depois de a adoção de Dakota ser oficializada, Mark e Beth celebraram o evento com uma festa em casa, com a presença dos avós e um acender de velas especial, em uma cerimônia semelhante à dos votos alegres e solenes que eles haviam feito no dia do casamento. Com louvores, todos agradeceram a Deus pela dupla bênção.

Quando Dakota fez 5 anos, perguntou:

— Papai, você sempre quis um filho?

— Muuuito, Dakota — reconheceu Mark.

— Por isso Deus *me* enviou para você — disse o menino, deliciando-se com a resposta, e acrescentou: — Sabe de uma coisa, papai? Eu sempre quis um pai exatamente como você, por isso Deus trouxe *você* para *mim*!

*Então nossa boca se encheu de riso, e nossa língua entoou cânticos de alegria... O Senhor fez grandes coisas por nós, e por isso, estamos alegres.*

SALMOS 126:2-3

A oração eleva o coração acima das batalhas da vida
e nos oferece um vislumbre dos recursos de Deus,
que transmitem vitória e esperança.[1]

C. NEIL STRAIT

## CAPÍTULO 9

# *Aconteceu na Varanda*

POR CAROL KENT

Em janeiro de 2007, o marido de Toni, depois de 28 anos de casamento, a abandonou. Ela se agarrou a Deus como nunca fizera antes, consciente de que estava totalmente dependente Dele para sustentá-la e para lhe fornecer todas as necessidades, bem como as de seus dois filhos. Dia após dia, precisava lutar para não deixar as despesas do mês no vermelho.

Certa noite, um ano e meio depois da separação, Toni se viu em um momento de pânico, remoendo pensamentos negativos:
- *Estou sobrecarregada!*
- *Sou insegura e incapaz de cuidar sozinha dos meus filhos.*
- *Estou recebendo bordoadas de todos os lados — no trabalho, em casa, das crianças e do meu ex-marido omisso.*

Depois de gastar todo o curto dinheiro que economizara em alguns poucos mantimentos, pegou o carro e foi para casa. Subitamente, sem conseguir se controlar, Toni começou a chorar. Não foram lágrimas discretas e justas, e sim um *choro de desespero em alto e bom som*, para colocar a dor para fora. Seus ombros se sacudiam violentamente, de forma incontrolável, e ela mal conseguia ver a rua em meio à torrente de sofrimento. Sentia-se perdida em um deserto, sem esperança de socorro. Precisava orar: "Ó Deus, me sinto tão só. Parece que o mundo inteiro está contra mim. Mal consigo raciocinar. Sinto que o Senhor não se importa comigo. Tentei com vontade ser uma boa mãe cristã que cuida das necessidades dos filhos, mas minhas forças estão se esvaindo. Não tenho ninguém que me ajude. Não vejo saída, não consigo enxergar um jeito de sair de baixo dos pesados escombros da minha vida, e já não suporto mais o peso."

Depois de estacionar o carro diante da casa, ficou sentada ao volante por mais meia hora, pois continuava a reclamar com Deus, em voz alta, dos seus infortúnios, mágoas e medos. Olhando pela janela do carro, vislumbrou uma linda lua cheia. *Deus está mais longe de mim do que as estrelas que brilham no céu, a milhões de anos-luz daqui.*

Já eram praticamente 11 da noite quando Toni finalmente se recompôs, a fim de caminhar os poucos passos que a separavam da porta da frente. Ao carregar uma das sacolas de compras até a varanda, reparou que Maria, sua vizinha, tinha acabado de parar com o carro bem diante de sua casa. Maria colocou a cabeça para fora da janela e chamou:

— Olá, como vai?

O gesto amigo, especialmente àquela hora da noite, foi mais que uma surpresa. Afinal, Toni mal conhecia Maria. Eram vizinhas há 10 anos, mas na verdade não se conheciam *de verdade*, como acontece com bons amigos. Toni e Maria se cumprimentavam de vez em quando, mas a vizinha não fazia a mínima ideia dos momentos difíceis que ela enfrentava. Entretanto, Toni *sabia* que Maria também era cristã.

A luz do poste diante da casa de Maria havia queimado e estava um breu, apesar da lua. Toni duvidou muito que Maria percebesse que ela havia chorado, e foi até o carro para desejar boa-noite. Uma mulher que Toni nunca tinha visto antes estava no banco do carona. Assim que a viu, a estranha disse alguma coisa em espanhol, uma frase que ela não compreendeu.

Maria explicou:

— Esta é minha irmã, que mora na Costa Rica. Ela trabalha como missionária na Itália e veio me visitar por alguns dias. Acabou de me dizer que Deus lhe contou que você precisa de orações. Está tudo bem por aí?

Toni quase deixou cair a sacola de compras.

— Não. Para ser franca, Maria, eu não estou *nada* bem.

Uma expressão carinhosa e sincera surgiu no semblante da vizinha, e ela perguntou:

— Podemos orar por ti?

— Acho que Deus enviou vocês aqui para fazerem exatamente isso — respondeu Toni, baixinho.

Maria estacionou o carro e as duas mulheres saltaram. Ela pediu para que Toni esperasse sentada na varanda, enquanto ia pegar o resto das sacolas que ainda estavam no carro. As duas mulheres eram muito mais baixas do que Toni, que tinha 1,76m, e a irmã de Maria fez um sinal, convidando Toni a se sentar em um dos degraus que levavam à varanda, para que pudessem orar por ela. Com gentileza e compaixão, essas duas vizinhas surgidas de forma inesperada começaram a instilar um pouco de fé renovada e coragem revigorada na vida de Toni. A irmã de Maria começou a orar de forma determinada e poderosa, em seu espanhol nativo, enquanto Maria traduzia tudo.

Sem saber sobre o dia de desespero e desânimo que Toni tinha vivenciado, a irmã de Maria colocou as mãos sobre a cabeça de Toni e revelou:

— Deus diz que você não está sozinha. Ele está bem aqui, ao seu lado.

Em seguida, pousou as mãos nos ombros de Toni e disse as seguintes palavras:

— Nunca diga que não pode mais seguir em frente. Você consegue fazer *todas* as coisas por meio Dele.

A irmã de Maria tinha uma fé muito forte e falava com uma confiança em Deus que Toni nunca tinha visto. Logo depois, com mais autoridade ainda, orou intensamente:

— Eu amarro os espíritos do inimigo que estão atuando nesta casa. E também oro pelos seus filhos.

A oração foi tão poderosa que lágrimas voltaram a escorrer dos olhos de Toni, com abundância. Um sorriso de surpresa iluminou seu rosto quando ela pensou: *Se alguém estiver acordado na vizinhança, passar por aqui agora e notar o que está acontecendo, vai presenciar um espetáculo completo — eu chorando, a irmã de Maria falando alto em espanhol e a própria Maria fazendo uma tradução fervorosa.* Por fim, a irmã de Maria colocou a mão sobre o coração de Toni e disse:

— Você está suportando essa carga pesada por muito tempo; em nome de Jesus, você acaba de ser libertada disso.

Toni ficou atônita ao perceber o quanto Deus havia revelado àquela estranha. A irmã de Maria tinha acabado de orar muito, solicitando que o alívio do seu pesado fardo lhe fosse concedido, e também tinha pedido que a paz de Deus inundasse a vida de Toni.

Enquanto as preces continuavam, Toni parou de chorar e vivenciou uma paz singela e misericordiosa que lhe invadia a alma atribulada. O peso gigantesco da tristeza havia sido removido dos ombros, e ela sabia que, agora, conseguiria seguir em frente.

O improvisado grupo de orações na varanda por fim se dissolveu. As irmãs abraçaram Toni com força e se despediram.

Quando as duas mulheres voltaram ao carro, Toni demorou a compreender por completo o que havia acontecido, mas percebeu na mesma hora algo muito significativo. Deus tinha vindo falar com ela pessoalmente e de forma clara, por meio de uma mulher que ela nunca tinha visto antes e jamais tornaria a ver.

Assim que Toni entrou em casa, seus pensamentos transbordaram: *Tudo, absolutamente tudo que eu argumentei diante de Deus na privacidade do meu carro agora há pouco, foi citado através das preces de uma estranha. Foi como se a irmã de Maria possuísse uma lista com as minhas preocupações; foi como se Deus tivesse dado a ela uma lista completa, para ela ir checando enquanto orava. Nem sei seu nome, mas Deus confiou nela para atender às minhas necessidades quando eu estava desesperada e precisando de muita ajuda.*

Toni experimentou o toque divino por meio das mãos amorosas e das preces poderosas de uma missionária que falava espanhol e ouviu a suave voz de Deus às 11 da noite. Ela nunca havia tido uma experiência como essa antes, nem voltou a ter depois daquele dia. Porém, no momento em que mais precisava, Deus ouviu seu choro de desespero, cuidou da sua dor e enviou-lhe uma estranha, que reafirmou para ela o Seu amor abundante.

*Pois onde estiverem dois ou três reunidos em Meu nome, aí estarei no meio deles.*

EVANGELHO DE MATEUS 18:20

**Permita um lugar para os sonhos em suas preces e em seus planos.**[1]

BARBARA JOHNSON

# CAPÍTULO 10

## O Vestido de Noiva

POR JENNIE AFMAN DIMKOFF

— Puxa, mamãe — perguntei, ansiosa —, a senhora acha que vai ser o suficiente?

— Bem... Terá que ser, querida — replicou minha mãe —, esse é *todo* o dinheiro que podemos gastar.

O ano era 1970. Eu tinha 19 anos, estava na faculdade e já era noiva, prestes a me casar. Meu pai era o ministro de uma pequena igreja e tinha seis filhos. As finanças da família eram muito apertadas, mas eu precisava de um vestido de noiva. Embora papai tivesse cartão de crédito, nunca comprava *nada* com ele, a não ser que tivesse certeza de que conseguiria pagar a fatura. Para aquela tarde especial de compras, ele e mamãe haviam decidido que até 100 dólares poderiam ser gastos no cartão, no máximo mesmo, e essa decisão tinha sido tomada com muita cautela.

Mamãe e eu planejamos empolgadíssimas aquela tarde de compras. Antes de sairmos de casa, ela me abraçou com força e orou, pedindo para que Deus abençoasse o tempo que iríamos passar juntas, e então pedi que o Senhor providenciasse o vestido perfeito para mim, por um preço que pudéssemos pagar.

Quando já estávamos terminando as orações, ouvimos alguém bater na porta. Janet, uma grande amiga da família, entrou. Ela participava do grupo de estudos da Bíblia que mamãe dirigia, e também frequentava a nossa igreja. Era uma pessoa adorável, mas, por dentro, suspirei, antevendo que ela tomaria muito do nosso precioso tempo livre para as compras com conversa-fiada.

Depois de carinhosamente saudá-la, minha mãe explicou que estávamos de saída para comprar meu vestido de noiva. Ela torceu para que Janet entendesse que, *naquele* dia, não tínhamos tempo para receber visitas, nem mesmo para tomar um cafezinho.

— Tudo bem, que bom que eu cheguei antes de vocês saírem! — disse Janet, exibindo um largo sorriso. — Não posso ficar mesmo, mas o Senhor me soprou um desejo no ouvido: sugeriu que eu presenteasse a Jennie com uma ajudinha financeira para ela comprar o vestido, e passei aqui para fazer isso.

Sem mais delongas, entregou um cheque para mamãe, deu um abraço rápido em nós duas e partiu. Mamãe e eu nos fitamos, atônitas, e olhamos para o valor do cheque, que era de 25 dólares; comemoramos em uníssono.

"Agora podemos gastar 125 dólares!"

Com o astral nas alturas, dirigimos por uma hora até o pequeno distrito de compras de Port Huron e entramos na divina seção de roupas e acessórios para noivas da Sperry's, uma loja de departamentos.

Entretanto, nosso astral logo despencou. Vasculhamos em todos os cabides, e a única coisa em comum que havia nos vestidos à venda eram os preços altíssimos, muito além das nossas condições.

Detestei ver os vincos profundos de preocupação que apareceram na testa de minha mãe, e meu único consolo foi não ter encontrado nenhum vestido que achasse perfeito para mim. Enquanto ela analisava mais uma vez, com atenção, os mostruários, circulei pelo salão e vi uma arara de roupas nos fundos da loja. Lá, um dos últimos vestidos pendurados me fez perder a respiração de tão bonito! Era de cetim branco e cintilava com delicadas aplicações de pérolas. Tinha mangas compridas em renda que iam se estreitando ao longo do braço e uma cauda pequena e arredondada. Era incrivelmente elegante.

Tirei-o da arara e coloquei sobre meu corpo no momento exato em que minha mãe vinha em minha direção.

— Puxa, mamãe, *veja só este* que eu achei! — sussurrei, quase sem voz. — Não é perfeito? Eu *amei*!

Em meio ao êxtase com o vestido, não percebi a aflição de minha mãe.

— Quanto custa isso, Jennie? — perguntou, com cautela, tentando manter o tom casual na voz.

— Não sei. Procurei pela etiqueta, mas não achei.

Na mesma hora, mamãe começou a vasculhar o interior do vestido, depois a parte de dentro da gola e as mangas, em busca do preço.

— Não colocaram o preço. — Por um instante ela olhou para mim, que continuava agarrada ao vestido, e sua voz se tornou mais suave. Passou os dedos sobre a renda delicada de uma das mangas e me garantiu:

— É *realmente* uma peça lindíssima, querida.

Ela foi olhar os outros vestidos da arara onde eu havia encontrado aquele, mas voltou desanimada.

— Jennie, esses vestidos devem ser caríssimos. Não consegui encontrar o preço em *nenhum* deles.

— Não podíamos ao menos... *perguntar?* — implorei, detestando ver o ar de apreensão que aumentava nos olhos de minha mãe.

— Olá, queridas! Posso ajudá-las em alguma coisa?

Quando nos viramos, vimos a sorridente gerente da loja ao nosso lado.

— Desculpe tê-las feito esperar. A loja está cheia hoje!

— Bem... — Minha mãe arriscou um gesto na direção do vestido que eu continuava abraçando juntinho do corpo. — Estávamos tentando descobrir o preço *deste* vestido.

— Ah, sim. É que os modelos *desta* arara, infelizmente, não estão à venda — explicou a gerente, sem rodeios. — Os vestidos separados aqui estiveram em exposição na vitrine. Todos precisam de uma boa lavagem a seco. — Ela esticou o braço para recolher o meu tesouro.

— Ma-mas... De todos os vestidos que eu vi na loja, foi esse o que *mais* me agradou — argumentei, com um leve tom de desespero na voz. — É o vestido *perfeito* para mim.

A mulher parou, olhou bem para o vestido, depois para mamãe e novamente para mim.

— Por que você não experimenta, então? — propôs, com gentileza. — Depois, se você *realmente* quiser levá-lo, e se estiver disposta a mandar lavar a seco por sua conta, poderemos fazer um preço especial, deixe-me ver... que tal 25 dólares?

Boquiabertas de espanto, mamãe e eu nos entreolhamos. Então respondi a essa proposta com um *"Sim!"* entusiasma-díssimo, e segui alegremente para o provador.

Nem eu nem mamãe ficamos surpresas pelo fato de o vestido apresentar um caimento perfeito, como se tivesse sido costurado para mim. Afinal de contas... milagre é milagre.

Nenhum ajuste foi necessário. Pagamos pelo vestido de noiva perfeito com os 25 dólares que Deus nos tinha enviado naquela manhã, e ambas entoamos várias vezes a canção "A Deus seja dada toda a glória!", durante o caminho de volta para casa, reconhecendo que nosso Pai Celestial tinha realmente ouvido nossas preces.

*Não se preocupem com nada;
em vez disso, orem por tudo;
contem a Deus o que vocês precisam
e não se esqueçam de lhe agradecer
as graças que receberem.*

ADAPTAÇÃO DA EPÍSTOLA AOS FILIPENSES 4:6

A fé torna a busca prazerosa, a visão do mundo,
brilhante, a busca interior, favorável,
e o futuro, glorioso.[1]

V. RAYMOND EDMAN

## CAPÍTULO 11

# *Um Novo Começo*

POR CAROL KENT

Estávamos no mês de novembro de 2001. O voo tinha sido muito cansativo, mas, quando desembarcamos na ilha de Oahu, a brisa tropical do Havaí rapidamente minimizou os efeitos das longas e torturantes horas de viagem. A visão de palmeiras altas, flores exóticas e praias com areia branca como açúcar nos colocou na mesma hora em ritmo de férias, e mal podíamos esperar para desfazer as malas e dar um mergulho no oceano Pacífico, momento que seria seguido pelo contato com a cozinha local e uma romântica caminhada na praia, a fim de admirar o pôr do sol. A melhor parte de estar em uma ilha é que as praias nunca acabam. Você pode caminhar até onde suas pernas aguentarem, e testemunhará uma vista de cartão-postal a cada passo.

Gene e eu tínhamos chegado três dias antes para uma conferência feminina que aconteceria no Hawaiian Hilton Village. Tínhamos resolvido combinar um curto período de férias com compromissos do ministério da igreja, e sabíamos que seria vantajoso nos acostumarmos à diferença de cinco horas para menos no fuso horário, antes do evento do fim de semana.

*Um Novo Começo* 83

A conferência tinha sido marcada para sábado. Era um momento de celebração, pois a reunião incluía gente vinda das ilhas de Maui, Kauai, Havaí (a chamada Ilha Grande) e Oahu, e foi uma surpresa especial saber que as esposas dos militares locais se juntariam a nós. Apesar de a primeira parte da viagem ter sido deliciosa, o melhor ainda estava por vir.

A líder de uma das igrejas da ilha soube que eu estava na cidade e me convidou para dar uma palestra em dois serviços religiosos que aconteceriam no domingo. Aceitei com muita honra. A atmosfera casual e o serviço de devoção havaiano, que é singular, deram o tom para uma manhã gloriosa. Houve um coffee break entre os dois serviços, e eu reparei em uma jovem muito atraente que veio lentamente caminhando em minha direção. Ela me pareceu bastante profissional, com uma blusa imaculadamente branca e saia azul-marinho. Quando chegou mais perto, porém, percebi que havia lágrimas em seus olhos.

— A senhora teria alguns instantes para falarmos? — perguntou ela, com hesitação.

— Claro, querida! — respondi, estendendo as mãos de forma calorosa para cumprimentá-la. — Adoraria conversar com você.

Ela me contou que seu nome era Stacy. Nos servimos de café e procuramos um banco em um canto discreto e isolado, no lado de fora do salão. Depois de estarmos devidamente acomodadas, fui a primeira a falar.

— Você mora aqui no Havaí?

— Bem, na verdade eu cresci nesta ilha, e é sempre uma bênção voltar para casa. — Percebi que as lágrimas agora lhe escorriam pelo rosto, em volumosos filetes.

— Onde você mora, atualmente? — eu quis saber.

Ela pareceu pouco à vontade com a pergunta.

— É... bem... sou comissária de bordo da United Airlines — explicou, gaguejando um pouco. — Moro em Boston, e um dos meus voos regulares foi um dos que se chocaram com o World Trade Center. — Ela parou de falar e emitiu um soluço forte acompanhado de um choro pesado. — O dia 11 de setembro foi o dia da minha folga semanal, e uma amiga minha, que também é comissária, morreu no meu lugar.

Por um momento fiquei atônita demais para responder. Stacy foi em frente.

— Fiquei tão chocada que tirei uma licença do emprego por tempo indeterminado e voltei aqui para o Havaí, minha terra natal. Estou tentando me libertar do medo, e também estou à procura de Deus. Nunca frequentei igrejas com regularidade, mas tinha muita esperança de encontrar respostas, e essa conferência me pareceu um bom local para começar. — Foi nesse instante que ela me olhou fixamente e perguntou, insegura: — A se-senhora co-conseguiria me ajudar?

— Claro, Stacy, eu *posso* ajudá-la, sim — garanti. — Do que você tem medo?

— A senhora deveria me perguntar do que eu *não tenho* medo.

Durante a meia hora que se seguiu, Stacy deixou o coração transbordar de emoção.

— Nunca percebi o quanto tenho medo de morrer, até ver tantas pessoas perderem a vida no 11 de Setembro. Estou aterrorizada só de pensar em voltar ao trabalho. Jamais imaginei que ser comissária de bordo viraria uma profissão perigosíssima. Sou tão jovem que sempre achei que teria muito tempo pela frente para equacionar as questões da minha vida e da minha fé, mas só agora eu percebi que a vida é frágil demais e pode ser tirada de nós a qualquer momento. — Suas palavras saíam em uma torrente de angústia.

Abri a Bíblia e compartilhei com Stacy a simples verdade de que Deus a ama e enviou o Seu filho, Jesus, para morrer na cruz pelos pecados dela e pelos meus, e que ele ressuscitou. Ela me ouviu com atenção. Disse-lhe também que todos nós devemos, em algum momento, chegar ao ponto de perceber que *precisamos* Dele em nossas vidas, pois nem sempre conseguimos nos levantar por nós mesmos. E ela disse:

— Eu estou precisando demais Dele nesse momento! Não me sobraram opções para consertar minha vida.

Naquela manhã, sentadas em um banco ao ar livre, com a areia da praia sob os pés e a brisa do mar soprando nossos cabelos, Stacy fez uma oração simples, convidando Cristo a entrar em sua vida. Quando ergueu os olhos, parecia radiante.

— Obrigada! — agradeceu comovida. — Sei que esse é um novo começo para a minha vida, e um peso enorme me foi tirado dos ombros.

Estava na hora de o segundo serviço do dia começar, e minha nova amiga me abraçou com força antes de partir. Naquela manhã, Stacy vivenciou uma surpresa divina, recebeu o doce conforto da fé, o tipo de fé que dissolve o medo e promete um futuro paradisíaco.

*Não temas, porque Eu estou contigo...*

ISAÍAS 43:5

**Querido Deus... Sou eu, e é urgente.**[1]

MARION STROUD

## CAPÍTULO 12

# *O Anjo Inesperado*

POR JENNIE AFMAN DIMKOFF

Muito bem, meninas, a discussão gerada pela última pergunta foi muito divertida. Mas, agora, precisamos passar para o tópico seguinte, certo?

As gargalhadas irromperam mais uma vez na sala de estar de minha irmã Bonnie. As mulheres das redondezas que frequentavam o grupo de estudos bíblicos iam criando, aos poucos, laços de amizade, e aquele era apenas o segundo encontro. Bonnie tinha convidado todas as mulheres em um raio de dois quarteirões, talvez mais, e liderava os estudos em seu lar, que ficava a quatro casas de onde eu morava. Doei livros e banhei nossos preciosos vizinhos com minhas preces.

Bonnie continuou:

— A pergunta é: vocês pedem ajuda a Deus regularmente? Quando foi o momento mais recente em que perceberam que Deus atendeu especificamente a uma de suas preces?

Chris Polanski foi a primeira a falar. Nossa vizinha era uma senhorinha miúda, com cerca de 1,50m de altura, 73 anos e muito querida por todos. Dava risadas gostosas e tinha o dom de fazer com que as pessoas à sua volta se sentissem especiais. Sua casa era uma construção histórica de três andares, feita de tijolinhos, em estilo colonial georgiano, tão linda que era parada obrigatória no tour de Natal por nossa comunidade cristã. Sua coleção de antiguidades raras e o refinado bom gosto para decoração transformavam um simples convite para entrar em uma ocasião ímpar. Ela e o marido, Joe, foram casados por 50 anos, mas ele havia falecido logo depois das bodas de ouro. Joe passara os últimos 10 anos da vida de casado muito doente, e Chris foi a pessoa que tomou conta dele durante todo esse tempo. Foi um período duro, pois nos últimos dois anos de vida ele já não reconhecia os filhos e netos, situação dolorosa para Chris e toda a família.

— Como é que você consegue seguir em frente, Chris? — havia lhe perguntado, certa vez.

— Eu simplesmente sigo — disse-me, de forma objetiva. — Amo meu Joe e fiz a promessa diante de Deus, no dia em que nos casamos, de que permaneceria ao lado dele nas horas boas e também nas más. — Nesse instante, seus olhos brilharam e ela riu. — Mas é melhor que a coisa não fique pior do que já está!

Contudo, a situação havia piorado *muito*. Mesmo sendo suas vizinhas, nunca havíamos percebido, até aquela noite, durante o encontro do grupo de estudos, o quanto a rotina de Chris era massacrante em alguns momentos, e o quanto Deus tinha sido generoso e piedoso em uma ocasião em que ela precisou Dele de forma desesperada.

— Vou lhes contar sobre o dia em que Deus atendeu uma prece muito específica — anunciou Chris ao grupo. — Nunca me esquecerei desse dia enquanto viver.

"Essa não é uma história bonita, cuidar de doentes geralmente resulta em histórias pesadas", disse, com tristeza. "Na fase terminal, ele já não tinha mais controle sobre as necessidades fisiológicas. Como ele era muito grande e eu, muito pequena, às vezes o simples ato de trocar sua fralda geriátrica era um desafio quase sobre-humano. Um dia, eu o tinha colocado na cadeira sanitária, sobre o vaso do banheiro do andar de baixo, e, ao abrir a fralda para trocá-la, me deparei com uma sujeira terrível. Precisaria aguentar todo o peso do seu corpanzil para conseguir limpá-lo de forma adequada. Lutei e fiz muito esforço para erguê-lo, mas não consegui. As tentativas e o movimento foram tornando a situação cada vez pior! De repente eu me senti tão exausta e desanimada que simplesmente ergui a cabeça para o alto e supliquei, em pensamento: *Meu bom Deus, por favor, me ajude!*

"Poucos segundos depois, quando ainda lutava desesperadamente para erguer o Joe, escutei alguém abrir a porta da frente da nossa casa e gritar: 'Olá! Oláááá!... Eu ouvi o seu pedido. O que a senhora quer que eu faça para ajudá-la?'

"Fiquei chocada! Era a voz de uma mulher, mas ninguém havia sequer tocado a campainha."

Chris explicou que a voz era de uma jovem que entregava jornais. Ela olhava pelo lado de fora, depois de ter aberto a porta, e espiava o interior da sala com ar de curiosidade. Na verdade, Barb era muito conhecida no bairro, pois realizava pequenos serviços para todos na vizinhança, inclusive limpar o quintal e cortar grama, sempre com um sorriso no rosto.

Chris continuou a história:

— Fui até a porta e perguntei do que ela estava falando, e ela me disse: "Eu estava do outro lado da rua, entregando jornais, quando ouvi seus gritos suplicando por socorro e aqui estou para ajudá-la. O que a senhora precisa que eu faça?"

"Minha primeira reação foi de puro choque por aquela jovem ter aparecido", contou Chris. "Tudo bem que ela estivesse do outro lado da rua, mas a verdade é que eu não tinha falado nem uma única palavra *em voz alta*, apenas em pensamento! Além do mais, só de imaginar envolver alguém numa confusão tão íntima e desagradável como aquela já me deixava constrangida", acrescentou. "Entretanto, eu de fato precisava desesperadamente de ajuda naquele instante, e Barb estava bem ali, diante de mim. Sem dúvida fora Deus que a tinha enviado, em resposta ao meu apelo. Antes de convidá-la para entrar, porém, era preciso prepará-la de forma adequada para a situação terrível que ela iria enfrentar. Expliquei o que estava acontecendo e disse: 'Se você puder pelo menos erguer o meu marido da cadeira sanitária, eu limpo toda a sujeira na parte de baixo.'

"Vocês imaginam o que aquele anjo me disse?", perguntou Chris ao grupo. "'Lógico, sra. Polanski. Eu costumava ajudar meu pai a se limpar. Ele ficou completamente incapacitado, antes de falecer. E não se preocupe com o cheiro. Vamos lá que eu vou ajudá-la.'"

Bonnie foi pegar uma caixa de lenços de papel e os distribuiu para todas as mulheres do grupo, porque Chris não era a única que chorava baixinho no fim daquela história franca e comovente. O testemunho de Chris foi um dos primeiros a criar um laço realmente forte em nosso grupo de vizinhas. Seu relato nos serviu para lembrar que

Deus não apenas é mestre em ouvir os apelos dos nossos corações e em atender as nossas preces, como também adora usar pessoas muito especiais para nos acudir e cuidar de nossas necessidades no momento exato em que mais precisamos delas.

*Lançai sobre Deus toda a vossa ansiedade, porque Ele cuida de vós.*

PRIMEIRA EPÍSTOLA DE PEDRO 5:7

> **Você recebeu a vida para ser o prazer de Deus...**
> **Existe para o benefício Dele, para a Sua glória,**
> **para os Seus propósitos e para o Seu deleite.[1]**
>
> RICK WARREN

## CAPÍTULO 13

# *Em Busca de um Sonho*

POR CAROL KENT

No dia em que nosso filho nasceu eu me inundei de assombro e reverência. Aquele bebê minúsculo, com dois quilos e seiscentos gramas nos tinha sido enviado cinco anos depois de nos casarmos. Gene e eu nos comprometemos a nutrir seus potenciais e ajudá-lo a descobrir sua vocação e sua missão de vida.

Conforme Jason foi crescendo, percebemos que ele adorava todos os brinquedos que tivessem relação com as Forças Armadas — adorava os bonecos articulados dos Comandos em Ação, vestia-se com roupas camufladas, colecionava equipamentos para sobrevivência e construía fortes no bosque atrás de casa. Muitos anos mais tarde, escreveu:

> *Sempre quis ser militar, desde que eu me entendo por gente. Quando visitei a Academia Naval, ainda criança, descobri que ser um aspirante da Marinha na base de Annapolis seria o objetivo da minha vida. Durante o ensino médio, me envolvi com todos os tipos de atividades extracurriculares, me matriculei nas matérias mais difíceis, participei de atividades esportivas, fui capitão de vários times e me esforcei ao máximo para me tornar um candidato ideal para a seleção militar.*

Eu acompanhava de perto enquanto nosso filho mirava tal objetivo, se dedicava com afinco aos trabalhos acadêmicos e aos exercícios físicos que iriam prepará-lo para alcançar o sucesso. Almejar tal sonho exigiria que ele se submetesse a rigorosos processos de seleção, que alcançasse importantes realizações em diversas áreas, que demonstrasse compromisso com serviços comunitários e que exibisse um preparo físico de atleta. Tudo culminaria em entrevistas com assistentes de representantes do Congresso. Jason sabia que a única porta garantida para entrar nas Forças Armadas era receber uma carta de recomendação de um dos representantes oficiais do povo de seu estado em Washington, e a lista de interessados era extensa e bem concorrida.

Ele mesmo explicou o que aconteceu em seguida:

*Amadureci muito durante os anos preparatórios. Desafiava meus limites nas aulas mais do que nunca, aceitava os riscos de apresentar meu nome como candidato e, enquanto isso, dava o melhor de mim no campo das atividades atléticas. Também solicitei recomendações de professores, e suas cartas de apresentação, quando chegaram, excederam as minhas expectativas mais otimistas. Meu orientador garantiu que eu seria o candidato mais competitivo dentre os que havia indicado. Senti-me grato por tamanho incentivo, e muito empolgado ao ver meus sonhos estarem, pouco a pouco, se tornando realidade, depois de tanto trabalho e preparação.*

Certo dia, na primeira semana de dezembro de 1992, fui até a caixa de correspondência e peguei uma pilha de cartas e folhetos publicitários. Mas, um envelope colorido, de boa qualidade, endereçado ao meu filho, atraiu-me a atenção:

CÂMARA DOS DEPUTADOS DOS ESTADOS UNIDOS DA AMÉRICA, WASHINGTON, D.C. Meu coração deu um pulo e fiquei ansiosa, louca para ele voltar logo da escola.

Quando Jason abriu o envelope, encontrou a carta de um congressista chamado David Bonior. A mensagem: "Tenho o prazer de informá-lo que o recomendei como candidato para a turma de cadetes da Academia Naval dos EUA, que dará início às suas atividades no verão de 1993. A Academia escolherá alguns dos jovens entre os que eu indiquei, depois de avaliar os registros completos de cada candidato. Gostaria de congratulá-lo pelas belas realizações que levaram à sua indicação..."

Alguns meses se passaram e começamos a saber novidades por meio de familiares de vários outros estudantes que também tinham sido indicados pelos seus respectivos congressistas. Seus filhos e filhas já estavam sendo convocados para entrevistas. Outros meses foram se desdobrando e Jason esperava, todo ansioso, mas nada da tão aguardada carta de aceitação.

Vi meu filho ser graduado no ensino médio com muitas honras. Nossos parentes e amigos se reuniram em uma grande comemoração em homenagem a ele, mas dava para ver a tristeza em seus olhos. Ele tinha um plano B para concorrer a outra universidade, mas eu sabia que o sonho de se tornar aspirante da Academia Naval dos EUA seria despedaçado. Mais tarde, o próprio Jason escreveu:

> *Todos nos formamos e o verão começou. Fiquei matutando sobre o porquê de não ter sido escolhido para "o grande evento", mesmo depois de Deus ter preparado ao longo dos meses anteriores, de forma milagrosa, tantas coisas a meu favor. Muito benevolentes, meus parentes haviam me convidado para que eu me juntasse a eles para um fim de semana de aventuras num excelente parque*

*florestal que ficava em outro estado. A essa altura, reconheci que
eu bem que precisava de um período de descanso das preocupações
com toda a exaustiva preparação para a Academia, bem como dos
meus planos e decisões alternativos. Seria muito agradável relaxar
um pouco e me divertir em companhia dos meus primos.*

*Acampado no parque, não consegui dormir e fui caminhar pela
beira do lago no meio da noite. De repente, me vi ali sozinho e
resolvi abrir meu coração para Deus e conversar com Ele sobre
aquela situação. Enquanto orava em voz alta, compartilhei todas as
minhas esperanças, meus sonhos e frustrações, e recordei os esforços
que tinha feito na busca de um objetivo que, agora, me parecia
impossível de alcançar.*

Jason agradeceu a Deus por todos aqueles que o haviam
incentivado ou oferecido conselhos e ajuda verdadeira ao
longo da sua preparação. Reconheceu o verdadeiro privilégio que tinha sido receber a indicação inicial, embora isso
não lhe tivesse garantido ser selecionado para a tão almejada
entrevista. Enquanto continuava a orar, disse: "Senhor, eu
aceito a Sua vontade para a minha vida." Nesse momento,
alguma coisa se encaixou, espiritualmente, no coração do
meu filho, de um jeito que nunca havia acontecido antes.
Mais tarde, ele contou:

*Eu entendi que só Deus poderia saber o que era melhor para a
minha vida, e obviamente Ele havia decidido que ir para Annapolis
não se enquadrava nessa categoria. Deus havia fechado a porta que
abrira no início do ano. Eu me senti em paz com relação a isso e,
pela primeira vez em minha vida, confiei cegamente em Deus e nos
Seus planos sobre o que era o melhor para o meu futuro. Por mais
difícil que me fosse aceitar, se o plano divino para mim não incluía
a Marinha, o melhor então seria deixar que as coisas acontecessem*

*conforme Sua determinação. Eu estava cansando de lutar por aquilo.*
*Em vez disso, esperaria que Ele me guiasse para o que seria melhor*
*para o meu projeto de vida. Finalmente, resolvi abrir mão do meu*
*sonho e entregá-lo nas mãos de Deus.*

Jason aproveitou as curtas férias, riu e se divertiu muito com os primos no restante da viagem, antes de voltar para casa. Só que algo aconteceu durante sua ausência, uma reviravolta surpreendente que ele nem sequer sonhara.

Gene e eu fomos receber Jason do lado de fora, assim que a van que o trazia parou na nossa entrada. Havíamos recebido uma ligação de Annapolis enquanto ele estava fora. Na verdade, fui eu mesma quem tinha atendido ao telefone.

— Senhora... — disse uma mulher de voz forte e direta. — Se agendarmos uma data para a entrevista do seu filho na Academia Naval, mesmo tão fora de época, será que ele estaria interessado em aceitá-la?

Eu quase fiquei sem fôlego.

— Se ele estaria interessado? — perguntei, incrédula. — Aposto que ele tomará o primeiro avião para a Costa Leste! Jason certamente ficaria louco para fazer essa entrevista! Essa oportunidade é o sonho dele há muitos anos.

Mais tarde, Jason se maravilhou ao saber da notícia, que já havia se espalhado, e escreveu:

*Naquele fim de semana, quando me abri aos novos planos de*
*Deus para a minha vida, aceitei o fato de que Ele havia fechado a*
*porta que me levaria a ser um aspirante em Annapolis. Mas Deus*
*tinha uma grande surpresa reservada para mim! Naquele mesmo*
*dia em que me rendi aos desígnios do Senhor, a Academia ligou*
*para perguntar se eu ainda estaria interessado em fazer a entrevista.*

*A oficial tinha dito a minha mãe que sabia que já estava fora
da época da convocação, mas eles ainda tinham uma vaga para
mim, caso eu estivesse interessado. Explicou que teríamos de correr
com a papelada, porque a turma de aspirantes começaria o
treinamento em duas semanas. Mamãe perguntou por que eles
haviam levado tanto tempo para ligar. A oficial explicou que tinha
acontecido algo interessante. Os analistas de registros estavam
reunidos naquela manhã e se viram com o meu currículo nas mãos,
de forma inesperada. Foi como se minha pasta tivesse surgido em
cima da mesa durante as deliberações para as últimas entrevistas,
e foi por isso que resolveram me chamar, mesmo tão tarde.*

Duas semanas depois, meu filho teve a cabeça raspada, vestiu a farda da Marinha e embarcou no novo caminho que se abrira em sua vida. Jason logo descobriu que entrar para a Academia Naval não seria tão fácil assim. O desafio era árduo, exaustivo e compreendia uma carga de pesados exercícios físicos, um extenso programa acadêmico e um estresse tão grande que ele considerou a possibilidade de desistir da carreira militar quase todas as noites durante os primeiros seis meses. Porém, Jason já havia conhecido a poderosa orientação de Deus, e sabia que conseguiria vencer todas as dificuldades se fosse perseverante. Alguns anos mais tarde, ele escreveu:

*O que me manteve na Academia foi a lembrança da forma como eu
havia conseguido chegar até ali, e a aceitação disso. Como eu sabia que as
mãos de Deus estavam sobre mim, tinha certeza de que era ali que
Ele queria que eu estivesse, e insisti com toda a fé. Tinha percebido o
Seu propósito, a missão que Ele me confiara e o meu lugar nela. Se eu
tivesse sido aceito mais cedo para o treinamento, como aconteceu com os
outros aspirantes, e não por meio de circunstâncias milagrosas, era quase
certo eu ter desistido nas primeiras semanas. Jamais teria conseguido
aguentar todos aqueles dias extenuantes e aquelas noites pesadas.*

*Era bem possível que eu tivesse desistido diante de qualquer obstáculo que me parecesse intransponível, mas Deus sabia disso e carinhosamente me encaminhou por uma senda diferente: a Sua senda, um caminho muito melhor. Ele orquestrou eventos que me permitiram evoluir. Cresci espiritualmente no exato instante em que me rendi à Sua vontade, junto ao lago; mais tarde, cresci intelectual e academicamente quando resisti aos quatro dificílimos anos na Academia Naval.*

Depois que Deus entrou na vida do meu filho, pude acompanhar as grandes transformações que ocorreram. Jason as descreve da seguinte forma:

*Com a ajuda de Deus, aprendi a me desenvolver em meio à pressão das exigências da vida acadêmica e da vida militar. O mais importante, porém, foi que também aprendi a ser grato a Deus por me amar tanto a ponto de abençoar o sonho da minha vida abrindo as portas certas ao longo do caminho.*

*O coração do homem propõe o seu caminho, mas o Senhor lhe dirige os passos.*

LIVRO DOS PROVÉRBIOS 16:9

Eu me coloquei de joelhos muitas vezes,
assolado pela convicção esmagadora de que
não tinha mais para onde ir.
Minha sabedoria, e também a das pessoas à minha volta,
parecia insuficiente para enfrentar os obstáculos.[1]

ABRAHAM LINCOLN

# CAPÍTULO 14

# *Radiodifusão de Emergência*

POR JENNIE AFMAN DIMKOFF

— Maxine? — A voz de Rizz ao telefone me pareceu apreensiva. — Teve alguma notícia de sua irmã? Sabe alguma coisa sobre nosso filho Joe e a família?

— Não tivemos nenhuma notícia deles hoje, Rizz. Sinto muito.

O ano era 1971. Maxine e Fred Carlson moravam em Newberry, onde Fred era ministro de uma congregação religiosa. O e-mail ainda não tinha sido inventado e Rizz DeCook ligava com frequência atrás de qualquer informação que Maxine e Fred tivessem recebido, por mais insignificante que pudesse parecer. Eleanor, irmã de Maxine, e Jay Walsh, seu marido, estavam trabalhando como missionários no sudeste do Paquistão Oriental com o filho de Rizz, o dr. Joe DeCook e sua esposa, Joyce.

Os Walsh tinham ido para o Paquistão Oriental em 1960, pioneiros no trabalho de ministério tribal que, quatro anos depois, se tornou parte do Hospital Memorial Cristão, em Malumghat. Os DeCook se juntaram à equipe médica no ano de 1970. Os pais de Joe, que não eram religiosos, tiveram muita dificuldade para compreender como o filho brilhante poderia levar a esposa e seus quatro netos amados para morar no outro lado do mundo, numa nação remota, primitiva e destruída pela guerra.

Naquele ano uma catástrofe havia atingido o país e isso deixara os DeCook desesperados com a condição da família. Muitas vezes, dias e até semanas se passavam sem que houvesse notícias sobre a segurança deles. Isso era motivo de muita angústia para todos, em especial para uma mãe que não tinha Deus para recorrer em busca de conforto.

Primeiro foi um ciclone de proporções épicas. Depois, as eleições gerais no Paquistão deixaram claro que o povo do Paquistão Oriental desejava a independência e, em 1971, a guerra civil irrompeu. Em resposta, tropas do governo paquistanês se colocaram em estado de alerta. Jay escreveu relatando a situação: "As tropas atravessaram o Paquistão Oriental em uma campanha brutal baseada em incêndios de aldeias, assassinatos em massa e estupros. Os nove meses de genocídio que se seguiram deixaram mais de três milhões de bengalis mortos. Tal campanha de repressão sem lei se tornou uma ameaça à segurança de todos os missionários que moravam no país, pois eles tinham sido considerados leais ao Paquistão Oriental. No dia 26 de março de 1971, os líderes bengalis declararam que, a partir daquela data, o território do Paquistão Oriental passaria a se chamar Bangladesh e seria uma nação independente e soberana. Isso só serviu para inflamar ainda mais as tropas paquistanesas."[2]

Em outra carta, enviada alguns dias mais tarde, Jay descreveu a situação como um inferno na Terra.

Nessa época, havia 31 missionários, incluindo os Walsh e os DeCook, morando e trabalhando no Hospital Memorial

Cristão. Sabiam que as tropas paquistanesas vinham em sua direção, e isso os colocaria em situação de extremo perigo.

Preparando-se para o pior cenário possível, os missionários organizaram um comitê visando a retirada completa do local, depois de pesquisarem três possíveis rotas de fuga. Eram perigosíssimas, e os missionários fizeram questão de ressaltar um ponto: só aceitariam ser evacuados se o Senhor lhes enviasse um sinal específico para que agissem.

Então, no dia 20 de abril de 1971, Rizz DeCook foi à casa dos Carlson em Newberry para ver se eles sabiam alguma novidade sobre a situação dos missionários. A tensão havia aumentado muito depois que as famílias souberam da violência e do derramamento de sangue que ocorria no país asiático.

— Sinto muitíssimo, Rizz. Não recebemos notícias há dias. Não chegou correspondência e não ouvimos nada pelo correspondente da *Voz da América* no Paquistão, que envia as notícias por ondas curtas. — Maxine então estendeu a mão e a colocou sobre o braço da amiga, desejando poder confortá-la. — *Só nos resta* confiar em Deus, que certamente cuidará deles.

Rizz foi embora ainda mais ansiosa e preocupada.

Suspirando pesadamente, Maxine fechou a porta e começou a orar, enquanto continuava a passar roupa. Sentia-se profundamente abalada pela situação da amiga, e implorou a Deus que enviasse bem depressa alguma notícia sobre o filho para aquela mãe que não conhecia o conforto divino. Sentiu o peito pesado e, enquanto trabalhava, deixou sua dor transbordar do coração e se abriu com o Senhor.

Logo depois de pendurar uma camisa muito bem passada e engomada no armário, Maxine olhou casualmente para o relógio e viu que horas eram: uma da tarde.

Embora há dias não soubesse de nenhuma novidade pelo rádio, decidiu tentar saber de alguma coisa e sintonizou a *Voz da América*, para o caso de conseguir captar algum sinal.

Em questão de segundos, ela ficou chocada ao ouvir a seguinte mensagem:

*"Este é um alerta de Washington para os cidadãos norte-americanos que estão em Malumghat, no Paquistão Oriental. Todas as pessoas que trabalham em serviços não essenciais devem sair do país imediatamente, por via terrestre, e se dirigir à fronteira de Burma. A rota que passa por Chittagong está interditada. Repetimos..."*

Isso significava que as tropas paquistanesas já rumavam para o sul, saindo de Chittagong e seguindo para Malumghat!

Maxine caiu de joelhos, agradecendo ao Senhor, mas temeu não ter compreendido direito o alerta. Ali, ajoelhada no chão, a mensagem foi repetida! Na verdade, o mesmo texto foi lido diversas vezes nos minutos que se seguiram. Maxine calculou que no Paquistão Oriental eram exatamente 11 da noite, e talvez não houvesse ninguém acordado no hospital para ouvir a mensagem!

Orou em voz alta: "Ó Deus, *por favor*, leve essa mensagem imediatamente para os nossos entes queridos e mantenha-os a salvo durante o processo de evacuação do país! Estou do lado de cá do mundo e não posso fazer nada, a não ser deixar esse assunto em Suas mãos. Acredito, do fundo do coração, que o Senhor é capaz de sanar qualquer dificuldade!"

Mobilizada pelo comunicado, Maxine ligou para o marido no escritório da igreja pedindo que entrasse em contato com as famílias e as igrejas associadas para dar início a uma corrente de orações. Em seguida, desceu a rua e foi até a casa de uma vizinha onde ela sabia que Rizz estava. Quando contou a Rizz sobre o comunicado oficial, as duas choraram juntas, abraçadas. Depois, Rizz saiu para comprar um rádio de ondas curtas para ter em casa.

Essa mensagem decisiva foi uma resposta miraculosa e imediata à oração de Maxine, mas foi também a única transmissão da *Voz da América* que os Carlson receberam pelo rádio durante muitos dias.

Aquela tinha sido uma longa noite. Depois de participar de uma cirurgia de emergência, Becky Davey, enfermeira-chefe do Hospital Memorial Cristão em Malumghat, foi para seu quarto no pavilhão médico. Normalmente a eletricidade fornecida pelo governo era interrompida às 10 da noite. Por algum motivo, porém, ainda havia luz no prédio. Embora Becky raramente ouvisse rádio, sintonizou a *Voz da América* enquanto se preparava para deitar. Eram 11 da noite de terça-feira, 20 de abril.

Logo depois do noticiário, ela ficou atônita ao ouvir:

> "*Este é um alerta de Washington para os cidadãos norte-americanos que estão em Malumghat...*"

Sem perder tempo, Becky correu para acordar as outras pessoas do pavilhão, batendo nas janelas de seus quartos e espalhando a notícia.

Jay Walsh, cunhado de Maxine Carlson, convocou todos para uma reunião. O grupo concordou que aquilo era um sinal de Deus avisando que estava na hora de dar início à evacuação. Depois de decidir mandar suas famílias na frente com os outros, dois dos médicos mais velhos da equipe se ofereceram para ficar ali, a fim de cuidar das emergências médicas e também para proteger os funcionários bengalis e o prédio do hospital.

O dr. Viggo Olsen mais tarde escreveu: "O fornecimento de energia elétrica do governo sempre era interrompido às 10 da noite em ponto. Naquela madrugada, porém, as luzes permaneceram acesas até as quatro da manhã, o que permitiu que as famílias em fuga tivessem tempo de fazer as malas. Às seis da manhã do dia 21 de abril, quatro imensos Land Rovers militares com a bandeira dos EUA seguiram para o sul, rumo a Burma, cada um deles com 29 cidadãos norte-americanos e suas bagagens."[3]

Nos dias que se seguiram, Deus protegeu os missionários em fuga, bem como os médicos que haviam ficado para trás, em Malumghat, de várias formas que só podem ser descritas como sobrenaturais. Enquanto muitos oravam com toda a fé do outro lado do mundo, pedindo pela segurança dos missionários e suas famílias, eles passaram por experiências terríveis que poderiam ter lhes custado a vida, se não fosse pela milagrosa proteção divina. Os missionários, tempos depois, conseguiram voltar para o hospital, que agora se localizava em uma nação com outro nome: Bangladesh.

Deus, de forma inequívoca, lançou Sua proteção e tocou Maxine Carlson, oferecendo-lhe uma resposta à súplica por notícias dos entes queridos, que ela compartilhou com a amiga; isso levou muitas pessoas a dar início a uma corrente de orações pelos que estavam no pavilhão e também no hospital do Paquistão Oriental. No outro lado do mundo, Deus ouviu as orações. Não foi por acaso que Becky Davey tinha servido de assistente em uma cirurgia de emergência naquela noite, o que fez com que ela fosse se recolher mais tarde. Também não foi por acaso que a eletricidade não foi desligada, nem que Becky tivesse o desejo incomum de ligar o rádio para saber das últimas notícias, muito menos que tenha escutado o último anúncio de evacuação feito pela *Voz da América*, o que fez os missionários serem resgatados do local de forma segura. A mão protetora e o cuidado amoroso de Deus ficaram evidentes no dia 20 de abril de 1971, e o Seu toque divino, literalmente, cobriu o planeta.

*Então, clamam ao Senhor na sua tribulação. Ele os livra das suas angústias... E os leva ao porto desejado.*

SALMOS 107:28, 30

**A paz é o ajuste da minha vida
à vontade de Deus.**[1]

EDWARD G. BULWER

## CAPÍTULO 15

## *Escoltada por Anjos*

POR CAROL KENT

Foi um telefonema incomum. Meu sogro solicitando que aparecêssemos em sua casa para uma visita, dizendo simplesmente:

— Tenho uma coisa para contar a vocês, mas prefiro que seja pessoalmente. Será que conseguiriam vir a St. Helen para me visitar nesse fim de semana?

Tínhamos a agenda cheia e eu não estava lá muito empolgada com uma viagem inesperada para o norte do estado por uma razão desconhecida. Meu marido e eu estávamos casados havia dois anos apenas, e dávamos aulas em zonas diferentes. O curto tempo que nós tínhamos para ficar juntos, durante os finais de semana, era precioso, mas...

Gene colocou a bagagem no porta-malas e começamos a viagem de três horas. Assim que pegamos a rodovia norte, perguntei:

— O que será que aconteceu de tão importante para seu pai pedir que fôssemos até lá para receber essa notícia pessoalmente?

Nesse exato momento, pela primeira vez desde a ligação, um pensamento assustador surgiu em minha mente: *Será que meu sogro recebeu o diagnóstico de alguma doença grave? Será que está morrendo e não quis nos contar pelo telefone?*

Essa hipótese, obviamente, já havia sido considerada pelo Gene, pois percebi quando ele simplesmente assentiu com a cabeça no instante que expressei meus sentimentos em voz alta.

— Eu sei, eu sei — murmurou ele. — Papai nunca é tão solene, e eu não me lembro de alguma vez ele ter insistido em viajarmos com tanta pressa para uma inesperada reunião de família.

Com o rosto coberto de expressões sombrias, batemos na porta. Meu sogro e Donna, sua esposa, vieram nos receber de forma calorosa. Meu sogro certamente não *parecia* doente. Para ser franca, exibia uma disposição excelente e aparentava estar melhor do que nunca. Seus olhos brilhavam enquanto nos servia limonada, depois de nos convidar a ficar à vontade na sala de estar. Em seguida, acariciou as costas de Donna e nos fez as perguntas de costume:

*"Como foi a viagem?"*
*"Pegaram tráfego muito pesado?"*
*"Continuam satisfeitos com o trabalho de professor?"*
*"Por quanto tempo mais vocês acreditam que continuarão trabalhando na direção do núcleo de jovens da igreja?"*

Respondemos a cada uma das perguntas, mas sentíamos que a reunião fora marcada por um motivo muito mais importante do que simplesmente colocá-los a par de nossas atividades rotineiras.

Por fim, meu sogro falou, com franqueza.

— Bem, vocês provavelmente estão se perguntando por que os convidamos para passar o fim de semana conosco tão em cima da hora. Vamos terminar logo com todo esse suspense? Donna e eu acabamos de saber que estamos esperando um bebê, e queríamos contar a novidade antes de vocês descobrirem por meio de outra pessoa.

Meu marido é normalmente um homem proativo, de boa conversa e muito sociável, mas se viu subitamente sem fala. Gene tinha 24 anos e ia ganhar, inesperadamente, um irmão ou uma irmã.

— Pu-pu-puxa vida! — exclamou finalmente, embora gaguejando. — Parabéns! Isso é realmente uma magnífica surpresa!

O restante da nossa visita foi marcado por muita alegria e expectativa diante da chegada de um bebê. Nem meu sogro nem Donna planejavam uma criança, mas aconteceu, e pareciam empolgadíssimos. Estavam eufóricos com a ideia de trazer um novo morador para casa. Não levou muito tempo para as outras pessoas das famílias de Gene e da minha começarem uma animada contagem regressiva para o nascimento.

Lori veio ao mundo em um lindo dia ensolarado. Desde o princípio, sua presença tornava a atmosfera mais brilhante. Eu tive a certeza absoluta de tê-la visto dar seu primeiro sorriso depois de poucos dias de nascida, mas a verdade é que quando se tem uma imaginação fértil, as cólicas de um bebê recém-nascido podem provocar uma contorção muscular que as pessoas interpretam como um legítimo sorriso.

Entretanto, à medida que Lori foi crescendo, parecia ter problemas para respirar adequadamente; tossia muito e desenvolvia infecções pulmonares com frequência. Exames médicos específicos comprovaram que minha jovem cunhada tinha uma doença hereditária chamada fibrose cística. Essa enfermidade cruel afeta os sistemas digestivo e respiratório, e também as glândulas sebáceas e o pâncreas. Em pouquíssimo tempo, a doença começou a provocar uma devastação considerável no corpinho de Lori. Seus pulmões produziam um muco espesso e viscoso que a impediam de respirar normalmente e muitas vezes bloqueavam seu intestino, produzindo um doloroso desconforto.

Logo que foi confirmado o diagnóstico, Lori passou por uma intensa bateria de exames e tratamentos. Muitas vezes havia debates na família sobre submeter ou não Lori a procedimentos ainda mais invasivos e rigorosos, pois tudo lhe era terrível e desconfortável. Quando completou oito anos, essa doença, que é devastadora para os pulmões, teve de passar a ser tratada com drogas que lhe alteravam o aspecto do peito e lhe davam uma forma de barril, o chamado tórax enfisematoso, além de lhe provocar um aumento absurdo no abdômen, embora seu corpinho pesasse menos de 15 quilos. Lori, porém, sempre se comportava como uma pequena dama, e lutava para não se deixar abater pela realidade de já não ser tão bonita como havia sido um dia. Os esteroides faziam seu rosto inchar, e as pontas dos dedinhos pareciam imensas bolhas azuis.

A doença a atacou como um predador voraz, e a jovem Lori fez uma escolha. Mostrou-se determinada a não ceder à depressão e ao abatimento de uma doença terminal com tão pouca idade. Sua voz era sempre alegre quando brincava com os médicos:

— Sabe, doutor, acho que *eu* é que vou cobrar *do senhor* pela visita. Se o senhor levar os exames até o fim, terá que me pagar 50 centavos!

Os médicos adoravam Lori, e inúmeras vezes ficavam em sua companhia muito depois de terem terminado os exames. Estar ao lado dela era uma lição de vida, um presente de amor e paz.

Quando eu entrava no quarto de Lori, ela geralmente estava deitada em uma espécie de tábua elevada, que a ajudava a drenar os pulmões e melhorar a respiração. Quando tentava confortá-la, ouvia sua voz fraca e doce dizer:

— Não se preocupe, eu vou ficar bem.

Sua risada podia ser ouvida em todos os lugares da casa. Ela muitas vezes brincava com os irmãos e compartilhava as alegrias de cada momento.

Durante os dois anos que se seguiram, a condição física de Lori foi piorando progressivamente. Certa manhã, quando entrei no quarto para visitá-la, minha cunhadinha, que na época já estava com 10 anos, olhou para mim e sorriu, dizendo:

— Oi, Carol! Fico tão feliz por você ter vindo... Tenho conversado muito com Deus ultimamente, e vou encontrá-Lo em breve.

— O que faz você pensar *assim*? — perguntei, já com lágrimas escorrendo pelo rosto.

— Eu simplesmente sei disso — confirmou, com um doce sorriso. — A hora vem chegando, mas eu estarei bem.

Naquele dia, Deus nos tocou com um tipo de paz que não pode ser explicada. Havia uma aura angelical em torno dessa criança preciosa. Sua expressão facial transmitia a calma confiança de que Deus estava no controle de seu destino e, mesmo sua vida sendo curta, foi uma bela aventura. Eu me senti consolada e serena ao perceber o quanto o espírito repleto de paz daquela menina tinha causado um grande impacto na minha resposta pessoal à sua doença.

*Escoltada por Anjos* 115

Lori estava na companhia dos pais, alguns dias depois, quando Deus a chamou de volta para casa. Um sorriso surgiu em seus lábios no instante em que ela deu o último suspiro. Seus braços estavam estendidos para o alto. O pai dela disse:
— Foi como se os anjos tivessem vindo para buscá-la com segurança até os braços de Jesus.

*Deixo-vos a paz, a minha paz vos dou;*
*mas não a dou como o mundo a dá.*
*Não perturbe o vosso coração,*
*nem se atemorize.*

EVANGELHO DE JOÃO 14:27

> Eu poderia passar por esse dia desatenta aos milagres que acontecem à minha volta, ou sintonizar-me com eles e "apreciá-los".[1]
>
> GLORIA GAITHER

## CAPÍTULO 16

# *O Catálogo da Convenção*

POR JENNIE AFMAN DIMKOFF

Eu me sentia um peixinho no oceano.

Meu coração disparou, descompassado, quando atravessei o amplo salão do centro de convenções procurando, em meio a um labirinto de quiosques e estandes de editoras, por uma pequena empresa chamada Spring Arbor. Aquela era a minha primeira noite de autógrafos e não queria chegar atrasada. Era nova no mercado de livros e meus conhecimentos sobre o mundo das editoras e distribuidores eram muito limitados. Imaginei que a Spring Arbor tivesse alguma relação com uma pequena escola cristã do meu estado que tinha o mesmo nome. Como eu morava no Michigan e tinha assistido recentemente a uma palestra naquela instituição, supus que tinham tido a gentileza de convidar uma aluna de 50 anos para autografar livros no seu estande.

Vendo a faixa imensa acima da minha cabeça, respirei aliviada e estendi a mão para cumprimentar a mulher que se aproximou com um largo sorriso no rosto.

— Olá, Jennie! Está tudo pronto para recebê-la.

A mulher apontou para um banco alto, onde eu deveria me sentar. Em seguida, emprestou-me uma caneta e explicou que me entregaria um livro de cada vez para eu autografar.

O Catálogo da Convenção    119

Trinta minutos depois, dediquei o último exemplar e cedi o lugar para o outro autor que já esperava atrás do pequeno cenário. Foi então que eu me virei para a minha anfitriã e gentilmente agradeci a ajuda.

— Jennie, você não gostaria de levar um catálogo nosso? — perguntou-me ela.

Assenti, de forma educada, e recebi a edição especial de uma publicação chamada *Avante Cristãos*, que fora editada pela Associação de Livros Cristãos exclusivamente para ser distribuída na convenção. Qual foi minha surpresa ao ver que o *meu* livro, *Sussurros na Noite*, estava estampado, em cores vivas, na capa do catálogo.

— É o meu livro! — exclamei, surpresa.

— Sim, eu sei — confirmou a mulher, com um sorriso. — Nós o escolhemos para ser a capa desta edição. Há uma resenha sobre ele também, é claro. Meus parabéns!

— Uau! — foi a minha reação, e então perguntei, um pouco envergonhada: — Posso levar outro exemplar do catálogo para a minha mãe?

Ela sorriu e me entregou mais um na mesma hora.

Depois, fiquei atônita ao descobrir que a distribuidora Spring Arbor não tinha nada a ver com a escola no Michigan, e era sim uma das maiores distribuidoras de livros cristãos do mundo. Soube também que minha editora não tinha conhecimento prévio de que meu livro seria apresentado com destaque no catálogo da distribuidora. Além disso, senti uma onda de humildade me atingir quando notei que o tão esperado *A Mensagem*, uma versão moderna para a Bíblia, estava sendo apresentado na segunda página, e o novo romance de Oliver North aparecia na quarta capa!

Impossível. Como foi que meu despretensioso livro tinha sido escolhido para aparecer na capa de uma publicação tão influente? O fato é que isso *não era* para acontecer. Não havia nada que eu pudesse ter planejado, orquestrado, arranjado ou manipulado, por meio dos meus modestos contatos, que pudesse levar meu livro a aparecer na capa de uma publicação de tão alto gabarito.

A resposta era que, pura e simplesmente, Deus generosamente estendera Sua mão para me abençoar.

Ainda toda maravilhada pelo fenômeno, lembrei-me do e-mail que havia chegado na véspera da minha ida à convenção. Tinha sido enviado por minha boa amiga Patsy Clairmont, uma famosa escritora que palestrava para a organização Mulheres de Fé, e que eu conhecia praticamente desde que nasci. Ela sabia melhor do que eu o quanto seria empolgante ter meu primeiro livro lançado na convenção, sem falar na grande honra que seria participar como palestrante em um evento promocional que minha editora estava planejando. Cada palavra do e-mail adquiriu um significado especial para mim agora. Ela havia escrito:

*Querida Jennie,*

*Vou orar pelo seu sucesso no evento da Associação de Livros Cristãos. Será muito divertido! Curta bastante a experiência – Deus vem preparando você há muito tempo para isso –, tudo o que precisa fazer é se deixar levar e envolver as pessoas com a palavra viva Dele... Você é um presente renovador para a cristandade. Espero que o seu momento na convenção seja cheio de doces surpresas. Estarei no seu canto do ringue, torcendo muito!*

*Com amor, Patsy*

Recordei, ainda fascinada, tudo o que havia acontecido, enquanto lia mais uma vez o e-mail. Eu tinha vivido doces surpresas, *com certeza*! Havia recebido uma graça imensa de Deus, da qual não me sentia merecedora.

Às vezes, me sinto tão enredada com os afazeres e tensões do dia a dia que esqueço que a vida é plena de momentos divinos e bênçãos inesperadas. Houve vários momentos em meu passado em que essas bênçãos me chocaram e surpreenderam. Outras vezes, porém, elas chegaram como resposta direta a pedidos específicos. Estou tentando aprender a saborear esses momentos, revisitar velhas lembranças e, o mais importante, lembrar-me sempre de dizer um gigantesco "OBRIGADO" ao Pai Celestial, que me ama imensamente e de forma incondicional.

*Que o Senhor o abençoe continuamente com as bênçãos do céu e também com as alegrias humanas.*

ADAPTAÇÃO DE SALMOS 128:5

Não podemos recriar o passado.
Mas, com a ajuda de Deus, podemos aprender a
lidar com ele... Não importa o que tenha acontecido
em sua vida, ao lado de Deus sempre existirá
graça, paz e esperança, desde que corramos
para Ele levando todos os desapontamentos
do passado e agarrando-nos à fé que
temos na Sua Palavra.[1]

KAY ARTHUR

CAPÍTULO 17

# *Um Conto de Fadas Diferente*

POR CAROL KENT

Era o aniversário de 15 anos da filha de Missy. Súbita e inesperadamente, ela desabafou:

— Mamãe, não quero meu pai circulando por aqui. Prefiro que ele fique longe de casa quando meus amigos chegarem para a festa!

O marido de Missy, que era ministro religioso havia mais de 20 anos, confessara recentemente que tinha sido infiel à esposa e fora convidado a abandonar o ministério. A família vivia um momento de caos, tentando aceitar ou compreender algo tão inconcebível: um bom marido, um bom pai e um cristão devotado que havia sido sugado por um vórtex de mentiras e falsidades.

Missy e o marido tinham experimentado grandes alegrias na vida, bem como difíceis batalhas durante o ministério dele. Agora, infortúnios e frustrações se amontoavam sobre desapontamentos e desconfianças, até que o casal estava verdadeiramente afundado em um mar de mágoas, confusão e inacreditáveis casos de humilhações públicas e pessoais para si mesmos e para os filhos.

*Um Conto de Fadas Diferente* 125

Quando o marido lhe confessou o adultério, o ato pareceu a Missy tão contraditório com a pessoa que ela conhecia e amava que julgou tudo aquilo uma brincadeira de mau gosto. À medida que o choque das palavras dele e a realidade penetrante e implacável do adultério finalmente alcançaram sua mente consciente, Missy fugiu e se escondeu no closet. Quando era criança, o confinamento em um closet representara um refúgio seguro, pois Missy vivera uma situação desesperadora no lar durante a infância. Só que já não era uma criança, e Deus a levara tão longe no caminho da cura interior que ela não ficou trancada no closet por muito tempo. Ao contrário, saiu de casa rapidamente, em pânico, e correu para buscar conforto e conselhos na casa de amigos.

Missy sentiu como se estivesse vivendo um pesadelo real. Quando finalmente se acalmou o suficiente para voltar para casa, o marido estava à espera no quarto do casal. Ao entrar no aposento, explodiu:

— Você destruiu nossas vidas! Acabou com o trabalho que sustentava nossa família! Meu mundo virou de cabeça para baixo por causa de suas escolhas egoístas! Mentiu para mim, me fez de tola e traiu minha confiança.

Depois dos terríveis abusos que havia sofrido na infância, essa nova dor era profunda demais para ser expressa em palavras. Sabendo que tinha todo o direito de expulsá-lo de casa e jamais perdoá-lo, ela gritou, em desespero:

— Saia já! Desapareça deste quarto! Vá embora desta casa! Suma da minha vida!

O mundo que Missy conhecia se esfarelou. Mais tarde, ela explicou:

— Minha confiança tinha sido destruída; os meus filhos estavam totalmente confusos; o meu casamento, aniquilado.

A devastação foi muito além do que eu poderia imaginar. Tudo em que eu havia acreditado na vida, tudo o que representávamos como família e todos os sacrifícios que havíamos feito ao longo do caminho não passavam de uma farsa.

Porém, naquele tsunami, em meio à *carnificina* e aos escombros, no centro da desintegração de tudo o que ela sempre julgara verdadeiro, algo não havia sido destruído: seu coração continuava firmemente enraizado na Palavra de Deus. Durante todo aquele ano, Missy recordou e rezou dois versículos muito especiais. Um deles era da Epístola de Paulo aos Filipenses, versículo 3:10: "Quero conhecer o Cristo. (...) Sim, quero conhecer o poder da sua ressurreição, compartilhar seus sofrimentos e me tornar como ele em sua morte (...)." [2]

O outro versículo no qual ela manteve o foco vinha da Primeira Epístola de Pedro; era o versículo 2:23, e dizia o seguinte: "Ele não retaliou quando foi insultado, não ameaçou com vingança quando sofreu. Deixou seu caso nas mãos de Deus, que sempre julga de maneira justa." [3]

Quando Missy fez uma pausa durante um tempo longo o bastante para ouvir a suave voz de Deus, Ele lhe orientou, mentalmente: "Filha, se você for embora agora, estará tudo acabado. Se você se render, será tarde demais para que Eu consiga lhe mostrar o que posso fazer pela sua vida e pelo seu casamento."

O marido de Missy estava fazendo as malas e se preparava para partir. Com plena consciência da longa jornada que se abria diante deles, caso aceitassem o caminho da reconciliação e do perdão, Missy ficou surpresa ao perceber que palavras inesperadas lhe escaparam:

— Pare! Não vá embora.

Ser honesta com os filhos a respeito de tudo o que havia acontecido seria difícil, mas essencial para superarem o trauma da imensa traição e trilharem o longo caminho da cura. Os filhos mais velhos do casal tinham 18 e 17 anos, e a caçula estava para fazer 15. Missy se preocupou com a possibilidade de a raiva fazê-los ceder à tentação de se rebelar contra o pai e voltar as costas para Deus. Haviam aprendido, desde muito cedo, os princípios da Bíblia. Agora, porém, diante do gigantesco fracasso do pai, como reagiriam?

O marido de Missy prometeu comprometimento total com o processo de reestruturação e tomou para si essa responsabilidade. Missy, por sua vez, ainda sentindo as garras da traição, submeteu-se "Àquele que sempre julga de maneira justa". Foi um processo difícil. O progresso não aconteceu de forma instantânea. Os três filhos foram testemunhas da difícil caminhada que seus pais resolveram empreender rumo à cura. O filho mais velho disse:

— Papai, se o seu arrependimento for sincero, ele será duradouro. Mas se o senhor está tentando se modificar sozinho, não vai funcionar.

Conforme o tempo foi passando, os filhos observaram, esperaram e trilharam os próprios passos rumo ao perdão.

Os pensamentos de Missy estavam embaralhados. Mais tarde revelou:

— Lembro-me perfeitamente de pensar que a vida como eu conhecia tinha acabado por completo. Havíamos perdido tanta coisa... Tantos sonhos permaneceriam irrealizados...

Como ficaria o nosso futuro? Conseguiríamos continuar unidos como uma família de verdade?

Os filhos lutaram bravamente, mas de vez em quando Missy achava que as coisas não iriam mais dar certo; mesmo assim, todos seguiram perseverantes.

Missy tinha razão a respeito de uma coisa: sua velha vida *havia* acabado. À medida que o tempo passava, porém, ela se surpreendeu ao descobrir uma vida nova do outro lado de um relacionamento despedaçado. Como casal, a relação com Deus, um com o outro e também com os filhos se aprofundou bastante, enquanto todos na família vivenciavam a cura tanto emocional quanto espiritual.

Missy descobriu algo muito significativo: eles estavam não apenas experimentando a restauração e a reintegração pessoal, mas também se viram envolvidos por inesperadas explosões de alegria por tudo o que Deus havia feito pela família como um todo. Apesar da difícil jornada que ela havia empreendido desde a infância, para escapar dos abusos e da devastação pessoal, o Senhor a havia preparado para ser um cálice de perdão. Cada difícil passo do processo, cada caso de orgulho e de pecado que tinha sido colocado diante de Deus e cada ato de obediência desempenhado trouxeram vida nova ao seu casamento e à sua família.

Sete anos mais tarde, Missy se viu em meio a um sonho que um dia considerara impossível: a celebração do casamento da filha. A própria Missy explica o que aconteceu naquele momento:

*Um Conto de Fadas Diferente* 129

— Minha preciosa menininha, agora adulta, a princesa de um conto de fadas: uma linda noiva descendo de uma carruagem puxada por um cavalo branco, amparada pelo braço do pai. Mais uma vez, ela olhou para o pai com amor, admiração e confiança.

Depois de caminharem lado a lado ao longo do corredor da nave da igreja, o marido de Missy entregou a mão da filha ao noivo e deu a volta em torno do púlpito para realizar a cerimônia. Lágrimas de gratidão transbordaram dos olhos de toda a congregação presente à festa que se seguiu, inclusive os filhos de Missy e suas esposas, bem como os membros da família e os amigos que haviam atravessado com eles águas tão turbulentas.

Naquele dia, todos celebraram, unidos, o dom da reconciliação vindo de Deus, e compartilharam a alegria que surge quando trilhamos Seus caminhos.

*Restaura-me a alegria da Tua salvação e ampara-me por meio do Teu generoso Espírito.*

SALMOS 51:12

**Sem desperdício, sem escassez.**

AUTOR DESCONHECIDO

## CAPÍTULO 18

## *Vovó Na-na-ni-na-não*

POR JENNIE AFMAN DIMKOFF

Eu tive uma avó malvada. A maioria das minhas amigas tinha histórias maravilhosas sobre as avós, mas não eu. Vovó Gertrude era minha adversária. Eu me apavorava por completo quando ela vinha nos visitar. Sempre que vovó aparecia, as meninas da família Afman eram arrumadas com todo o cuidado e colocadas em fila para beijar sua bochecha e lhe dar as "boas-vindas". Após o meu beijinho respeitoso, assim que ela se virava para outro lado, eu rapidamente limpava a boca com as costas da mão.

Vovó era uma mulher miúda e magra, que se inclinava para a frente e se empinava toda quando andava. Sempre usava roupas escuras, e seus tornozelos viviam apertados por sapatos pretos de cadarço que a faziam parecer uma matrona. Quando eu era pequena, lembro que suas canelas magras mais pareciam ossinhos de frango.

Vovó Gertrude não gostava de mimar os netos e, talvez por isso, não nos dava balas, doces, nem brinquedos no Natal; também não se lembrava dos aniversários. A única coisa da qual ela fazia questão absoluta era que nós comêssemos todos os legumes e verduras do prato; vovó adorava nos dar ervilhas em lata. Ainda me lembro daqueles dias como se fosse hoje!

*A colher veio se agigantando na minha direção. Na altura dos olhos, ela parecia flutuar diante de mim. Meu estômago ficou embrulhado e o cheiro das ervilhas penetrou minhas narinas. A bile me subiu pela garganta no instante em que dedos de aço me apertaram o queixo e me obrigaram a abrir a boca.*

... Acordei assustada! Uma onda de alívio me inundou. Ufa, tinha sido um sonho. Encostada na cabeceira da cama e respirando com dificuldade, a realidade do que provocara o pesadelo veio à minha mente. Ela vai chegar hoje! Vovó Gertrude está vindo passar uma semana *inteira* em nossa casa — e ela sempre traz ervilhas em lata.

— Jennie Beth, levante-se, querida! Vai se atrasar para o ônibus da escola. Ainda precisa tomar seu café da manhã, vestir a fantasia de Halloween... Você não quer perder a festa, quer? — A voz de minha mãe trouxe paz e alegria depois de uma noite assombrada por ervilhas em lata. Ainda sonolenta, me arrastei pelas escadas até o andar de baixo e acabei me envolvendo com a empolgação que reinava na casa. Mamãe penteou meus cabelos compridos e prendeu sobre eles uma faixa branca com uma cruz vermelha bordada à mão. Fizera a fantasia sozinha na véspera, e eu adorei a roupa.

— Você vai ser a enfermeira de oito anos mais bonita do mundo — garantiu-me ela, com um beijo. Sua imensa barriga parecia pulsar entre nós, e deixei meu rosto encostado ali por um instante.

— O novo bebê vai chegar hoje, mamãe? — perguntei.

— Estou achando que sim — respondeu ela. — Agora chame a Carol e corram, senão vocês vão se atrasar!

— Vovó tem mesmo que vir, mamãe? Eu não queria que ela ficasse aqui conosco.

— Jennie, não diga isso! Sua avó vai nos ajudar enquanto eu vou para o hospital. Seja boazinha e ajude-a a tomar conta de suas irmãs menores. Ah, e coma *tudinho* que a vovó colocar no prato. Você sabe o quanto isso é importante para ela.

Engolindo em seco para evitar uma nova onda de náusea, fui para a escola, desejando ser uma enfermeira de verdade, pois assim poderia ir para o hospital com a minha mãe.

Na hora do recreio, contei para minha amiga Sarah que vovó Gertrude estava vindo. Sua reação me deixou atônita.

— Puxa, Jennie, como você é sortuda — vibrou ela, com uma ponta de inveja. — Eu adoraria que minha avó viesse me visitar hoje. *Vózutcha* sempre traz guloseimas deliciosas na bolsa e lê histórias para eu dormir.

Os comentários de Sarah me deixaram ainda mais deprimida. Não tínhamos um apelido simpático como *Vózutcha* para tratar nossa avó. Na verdade, eu secretamente me referia a ela como vovó Na-na-ni-na-não, porque nos negava tudo, e a única "guloseima" que trazia eram aquelas malditas ervilhas, além de nunca nos deixar fazer nada divertido.

Um carro que me pareceu familiar ultrapassou o ônibus escolar, quando voltávamos da escola. Ao chegar à esquina seguinte, papai saltou do carro e acenou para que o ônibus parasse. Eu nunca o vira tão empolgado.

— É *menino*! — gritou. — *Menino!* — A acompanhante permitiu que saltássemos do ônibus e fizéssemos o resto do caminho até em casa com o nosso exultante pai que, depois de ter quatro filhas, acabara de ganhar um herdeiro!

Quando entramos em casa, vovó Gertrude chegou a *abrir um sorriso* quando papai lhe contou a novidade, muito empolgado, e riu ainda mais quando soube que o menininho receberia o nome de Ben, em homenagem ao seu falecido marido, pai de papai.

— Finalmente teremos um menino para levar em frente o nome da família Afman — disse ela com satisfação, mas logo fechou a cara e deu início aos preparativos para o jantar. — Meninas! — ordenou, batendo palmas com aquele seu jeito abrupto. — Coloquem a mesa!

Carol botou os pratos e os copos, e eu, os talheres, olhando apavorada para a cozinha, onde vovó preparava a janta. Uma imensa lata de ervilhas estava na pia, bem na altura dos meus olhos, e eu sabia que vovó Na-na-ni-na-não e eu ficaríamos à mesa por uma hora a mais que os outros. Era inevitável, então pressenti que, mais uma vez, nós duas permaneceríamos trancadas na sala de jantar, disputando uma terrível queda de braço, até que meu prato estivesse completamente vazio.

No dia seguinte, quando papai voltou do hospital, conversamos um pouco:

— Por que a vovó Gertrude é tão malvada? — perguntei.

— Bem, querida, não creio que *ela* ache que está sendo malvada; muito pelo contrário — replicou papai.

— Mas ela me obriga a comer coisas que eu *odeio*! Não me deixa levantar da mesa até eu comer a última garfada, e juro que ela coloca a maior porção de vegetais no *meu* prato! — reclamei.

— Ora, Jennie, por favor! — reagiu ele. — Se a vovó faz isso é porque te ama e se preocupa com sua saúde, lembra quando você foi internada no hospital com febre reumática? Ela quer ter certeza de que você vai crescer forte e saudável.

— Mas isso não é *justo*! — choramingei.

Papai se manteve calado por um minuto, com os pensamentos longe dali, até que resolveu falar:

— Jennie, você sabia que seu avô Ben morreu quando vovó Gertrude tinha apenas 45 anos? Isso pode parecer uma idade avançada para você, mas é muito cedo para uma mulher ser deixada com quatro filhos para criar.

— Não, eu não sabia. — Meu pai nunca tinha nos contado essas coisas antes. — Quantos anos *você* tinha, papai?

— Dezesseis. — Suspirando, ele continuou: — Para ser franco, seu avô tinha problemas com a bebida, e nem sempre cuidava muito bem da nossa família. — Ele me olhou fixamente. — Às vezes, uma única lata de ervilhas era tudo o que tínhamos para jantar, Jennie. A vida sempre foi muito dura e implacável com a vovó.

"Sua mãe deu à luz vocês todas, e agora o seu irmãozinho, em um bom hospital, protegida por todos os cuidados. Vovó Gertrude deu à luz oito bebês em casa, mas só quatro sobreviveram. A vida dela foi sempre muito, muito difícil."

Papai deu uma palmadinha carinhosa em meu queixo e se levantou para descer as escadas.

— *Tente* ser grata por ter sua avó conosco esta semana, pode ser? — pediu ele. — Quando fizer suas orações hoje à noite, peça a Deus para te ajudar.

No dia seguinte, olhei para vovó de forma diferente. Seu vestido preto, muito severo, continuava igual, e ela caminhava com o mesmo jeito ligeiro de quem tem um propósito urgente, mas também reparei outras coisas nela. Vovó era uma mulher determinada, que apesar das grandes perdas na vida nunca demonstrou autopiedade. Nunca desperdiçou nada, e todos os seus atos tinham um motivo específico. Uma semente de respeito pela minha avó começou a germinar em meu coração de menina de oito anos.

Décadas se passaram desde aquela semana memorável. Vovó Gertrude está no céu agora, junto de suas duas irmãs. Gosto de pensar nela lá, amando a Deus, aprendendo a rir com desprendimento e repousando sob os cuidados carinhosos do Pai. Percebo agora que aprendi algumas valiosas lições com ela: vegetais são bons para a saúde; trabalhe com vontade, evite desperdícios e não desista quando a vida estiver difícil. Também aprendi que quando eu for avó, algum dia, não deverei nunca, nunquinha mesmo, visitar meus netos levando latas de ervilhas!

Suponho que ela ficaria feliz em descobrir que eu tenho um livro publicado sob o nome de Jennie *Afman* Dimkoff, e que continuo usando profissionalmente o nome da família de meu pai, apesar de ser casada. A maioria sente gratidão quando percebe que Deus estendeu Sua mão sobre um filho e removeu a amargura do coração de uma criança. Eu me arrependo de ter limpado todos aqueles beijos, nos tempos de menina. Um dia, espero poder me encontrar com minha *nova* vovó Gertrude no céu, para ter a chance de correr alegremente ao seu encontro e dar um abraço bem apertado nela.

*Ouve teu pai, que te gerou;*
*e não desprezes tua mãe nem tua avó*
*quando elas envelhecerem.*

LIVRO DOS PROVÉRBIOS 23:22

> **Deus nos ama porque somos especiais — ou somos especiais porque Deus nos ama?**[1]
>
> WILLIAM ARTHUR WARD

## CAPÍTULO 19

## *Surpresa no Brechó*

POR CAROL KENT

O retiro para mulheres aconteceria em uma residência magnífica na Virgínia, com os fundos da propriedade se abrindo para uma vista gloriosa dos montes Apalaches. A região e a atmosfera em volta da casa cintilavam com o inconfundível toque do Criador.

Tanya estava organizando esse adorável evento para as frequentadoras da igreja e esperava que aquele fosse um final de semana inesquecível para as participantes. Nesse belíssimo cenário, queria oferecer a cada uma das mulheres algo único que as fizessem lembrar o amor profundo que Deus tem por Suas criaturas — um pequenino mimo que traria de volta à mente de cada uma as lembranças de passar algum tempo sozinha com Ele, longe do clamor das atividades cotidianas. O orçamento que o ministério disponibilizou para Tanya era limitado, ela precisaria usar de criatividade.

Pensou em oferecer pequeninas xícaras de porcelana com algo dentro que fosse barato e tivesse valor sentimental; cada item seria escolhido a dedo para a pessoa que iria recebê-lo, e isso talvez estivesse ao alcance da verba disponível.

Em casa o orçamento também era apertado. O salário do marido policial pagava a maioria das contas, e o trabalho de Tanya como babá ajudava a fechar o mês. Finalmente haviam concretizado o sonho da casa própria, e isso era motivo de muitas alegrias. Mas, mesmo assim, ainda estavam no período de adaptação e ajuste às novas despesas que sempre vinham com a aquisição de um imóvel. Não sobrava dinheiro para gastos extras. Entretanto, Tanya se considerava abençoada quando comparava a vida que levava agora com a que tinha conhecido na infância. Nos tempos de menina, ela havia sofrido abusos de diversos tipos, e muitas vezes passara dias inteiros sem comida ou agasalhos adequados. Em vez de endurecer o coração, porém, os eventos do passado a tinham tornado mais compassiva em relação às necessidades alheias.

Entretanto, fatos inesperados na casa de família onde ela trabalhava fizeram Tanya perder o emprego. Sentiu-se grata pelo fato de seus filhos estarem em casa com o marido naquele dia, pois assim ela poderia chorar livremente pela perda da sua fonte de renda. Tanya explicou:

— Como os filhos de Israel quando caminhavam pelo deserto do Egito para a Terra Prometida, eu duvidava de Deus o tempo todo. Será que Ele se lembraria de mim? Será que cuidaria de mim e da minha família? Minhas experiências de vida não me ajudavam a confiar nem esperar muito da Providência Divina.

Quando Tanya ligou para o marido e deu a triste notícia, ele se mostrou surpreendentemente otimista, garantiu-lhe que as coisas iriam dar certo e lembrou a ela que Deus cuidaria das necessidades da família. Talvez ele estivesse certo, mas aqueles momentos de desespero jogaram o estado de espírito e a autoestima de Tanya pelo ralo.

142        MILAGRES DO ÁGAPE

A caminho de casa, ela precisava pegar as várias xicrinhas avulsas de porcelana no brechó local, as lembranças que levaria para o retiro feminino nos Apalaches. Rezou para encontrar pequenos tesouros a preço baixo, mas seu coração estava pesado. Assim que entrou na loja, porém, não só encontrou as pequenas xícaras avulsas que procurava para a conferência, mas também descobriu, em um corredor próximo, um maravilhoso aparelho de porcelana branca enfeitado nas bordas com delicadas rosas amarelas. Era um conjunto completo de pratos fundos, rasos, travessas para saladas, tigelas, xícaras, pires, pratos de sobremesa e até uma tigelinha para molhos. Nenhuma peça faltava!

A mente de Tanya entrou em turbilhão: *Nunca tive um aparelho de porcelana fina em toda a minha vida! Amarelo é minha cor predileta e eu adorei o desenho do conjunto. O problema é que não há etiqueta com preço, e eu certamente não posso comprar algo tão caro.*

Tanya e o marido eram o casal mais jovem da igreja. Ela adorava a casa nova e sabia que aquilo fora um presente de Deus. Contudo, seu ambiente doméstico era modesto e sem graça, comparado ao das mulheres mais velhas da congregação. Quando elas abriam as portas para reuniões femininas, era como entrar em uma revista de decoração: os aposentos, deslumbrantes, os pratos e talheres, finíssimos, e o ambiente, sofisticadíssimo.

Por um instante, permitiu que sua razão analisasse apenas o lado negativo da situação: *Não sou uma boa cozinheira. Amo o Senhor e adoro receber pessoas em nossa casa, mas não tenho coisas bonitas. Minhas toalhas do banheiro não combinam, nem meus pratos! Comparada às outras mulheres, eu me sinto diminuída, e às vezes me vejo como uma pessoa de segunda classe.* Ela sabia que se queixava sem necessidade, porém, de certo modo, aqueles sentimentos combinavam com o tom do seu dia.

Tanya saiu da loja e ligou para o marido. Contou-lhe do aparelho de porcelana fina que havia encontrado e comentou sobre o quanto ficara espantada por haver um conjunto completo daqueles à venda em um brechó. Forçou-se a dar uma risadinha, pois não queria que o marido pensasse que ela era irresponsável a ponto de pensar em comprar algo tão supérfluo. Ele esperou que ela acabasse de falar e disse, simplesmente:

— Compre, querida.

— O quê?!? — exclamou ela, ainda tentando se livrar da angústia que sentira naquele mesmo dia, mais cedo.

— Vá lá e compre, Tanya — continuou ele. — É óbvio que o Pai Celestial conhece os desejos do seu coração, e você já esperou por esse aparelho durante muito tempo. Ficaremos bem financeiramente. Não quero que você volte para casa sem o seu conjunto de porcelana.

Relutante, Tanya voltou à loja, sabendo que o custo do conjunto seria proibitivo. Achou uma vendedora e perguntou quanto estavam pedindo pelo lindo aparelho de jantar. A jovem não sabia informar o preço e, por fim, foi perguntar à gerente.

Tanya viu uma senhora com ar bondoso de avó vindo em sua direção com uma rara combinação de gentileza e entusiasmo.

— Está interessada no aparelho de jantar, minha jovem?

— É... bem... sim, estou sim — respondeu, hesitante —, dependendo do preço, lógico.

— Pois então vamos até lá dar uma olhada. — Tanya a seguiu de forma obediente, como uma criança sendo levada pela mão, sentindo-se uma ridícula por ter demonstrado interesse em um produto obviamente tão caro. A senhora falava devagar.

— É um excelente conjunto.

— Sim, senhora — concordou Tanya. A mulher olhou para ela por um momento, colocou a cabeça meio de lado e sorriu com gentileza ao perguntar:

— Que tal 30 dólares pelo conjunto completo?

Lágrimas começaram a escorrer pelo seu rosto enquanto aceitava o preço ridiculamente baixo e foi ajudar a embalar seu tesouro.

Quando seguia para casa, uma onda de pensamentos se misturou às lágrimas: *Meu Pai, o meu Papai do céu, o único Pai que conheci na vida, quis me dar um presente muito especial e adorável só para mostrar o quanto sou amada e linda diante dos Seus olhos. Ele me ofereceu um refinado aparelho de jantar em porcelana finíssima no mesmo dia em que perdi meu emprego, porque sabia que rosas amarelas são minhas flores favoritas. Quis que eu soubesse que sou muito importante em Seu coração, e também que conhece meus desejos mais profundos.*

Tanya tinha tanta certeza de que levaria no mínimo duas semanas para encontrar outro emprego como babá que se viu absolutamente atônita quando surgiu uma nova oportunidade de trabalho em dois dias! Mais tarde, pesquisou na internet e descobriu que o seu conjunto de porcelana era o modelo Royal Wentworth, e o conjunto completo custava quase 800 dólares! Tanya jamais esquecerá o dia em que perdeu o emprego e saiu à procura de xícaras para oferecer como recordação... e acabou estupefata pela surpresa que recebeu de Deus, uma surpresa enfeitada com rosas amarelas.

*Deus pode fazer qualquer coisa, muito mais do que imaginamos, tentamos prever ou pedimos em nossos sonhos mais impossíveis! Ele não faz isso nos empurrando de um lado para outro, mas sim trabalhando conosco e colocando o seu Espírito, de forma profunda e gentil, dentro de nós.*

ADAPTAÇÃO DO VERSÍCULO 3:20 DA EPÍSTOLA AOS EFÉSIOS

**Encoste sua cabeça no peito de Deus e chore.**[1]

NICOLE JOHNSON

# CAPÍTULO 20

## *Beleza Apesar das Cinzas*

POR JENNIE AFMAN DIMKOFF

K aren, saia! Saia agora!!!

Totalmente desorientada, engatinhando pelo quarto, Karen fez um esforço para tentar enxergar através da fumaça espessa.

— Saia já e vá procurar ajuda! Deixa que eu pego as meninas! — gritou Willie, desaparecendo em meio à fumaça densa e seguindo na direção do quarto das filhas do casal.

Karen já havia tentado salvar as filhas quando o marido desceu para verificar a extensão do incêndio, mas a fumaça era densa demais. Eles não faziam ideia de que ela já havia invadido o duto de ventilação e saíra diretamente no quarto das meninas. Karen esperou ansiosamente que Willie saísse lá de dentro com as filhas, mas ele não apareceu. Os segundos se passaram e Karen se sentiu grudada no chão do quarto, até que, por fim, percebeu que tinha perdido as três pessoas que mais amava no mundo. O choque foi tão grande que ela simplesmente se deixou ficar ali sentada, enquanto as labaredas ardiam cada vez mais alto e cada vez mais próximo. Karen não sabia se devia permanecer ali e morrer com eles ou tentar escapar.

Uma explosão no andar de baixo a fez acordar do transe de forma abrupta. Pulou de susto e entrou em ação. Precisava buscar ajuda! Tentou descer pelas escadas, mas seus pensamentos estavam completamente desordenados por causa da fumaça. Seria melhor tentar salvar um dos álbuns de fotos naquele cômodo da casa ou procurar as chaves do carro? Não. Estava quente demais, o incêndio se espalhava freneticamente, havia goteiras de fogo e tudo explodia! Recuando para a suíte principal da casa, Karen correu para a janela. Milagrosamente, na semana anterior, Willie havia colocado uma escada do lado de fora da casa — e ela estava encostada na janela do quarto! Depois de lutar com dificuldade para abrir a janela, Karen rastejou por cima do peitoril, tentando sentir a ponta da escada em meio à escuridão. O calor do fogo era avassalador, logo atrás dela. Naquele desespero, nem pensou no ar gelado que a esperava do lado de fora. Vestia apenas o pijama de calça comprida e meias, e quando chegou ao chão correu na direção dos vizinhos mais próximos, que moravam a cerca de 400 metros dali, pela estrada de terra. A temperatura estava baixíssima e, além da friagem e da escuridão, chovia. Eram duas e meia da manhã, na madrugada do dia de Natal.

Uma visão chocante aguardava os vizinhos quando eles foram acordados. Sob a luz forte da varanda da casa estava Karen Royster, morrendo de frio, vestindo um pijama todo coberto de cinzas, as pontas dos cabelos chamuscadas e a pele muito queimada. Ela não enxergava direito, respirava com dificuldade, sugando o ar com força, e parecia frenética devido ao pânico e à dor. Os veículos de emergência foram chamados e os bombeiros apagaram as chamas da casa da família Royster, que ficou completamente destruída. O corpo de

William Royster foi resgatado. Segurava nos braços as filhas Rachel, de seis anos e Ruth, de quatro. Karen foi levada de ambulância para o hospital, onde passou quatro dias internada em tratamento de cegueira temporária, inalação de fumaça, queimaduras e lesões nos pulmões.

Deitada na cama de hospital, lembranças maravilhosas lutavam com a dor da dura realidade. A véspera de Natal tinha sido perfeita. Ela e Willie haviam decidido começar uma nova tradição de família com as meninas. Aconchegados no sofá, seu amoroso e atraente marido tinha lido para as filhas, na Bíblia, a história do nascimento de Cristo. Depois, em vez de deixar as meninas esperando até a manhã de Natal, os pais permitiram que cada uma delas abrisse um presente. Foi uma inesquecível noite em família e, por volta das nove, colocaram na cama, com muito carinho, as filhas ainda empolgadas pela noite emocionante. Depois disso, Karen e Willie tinham ficado acordados até meia-noite, embrulhando os presentes dos familiares que viriam no dia seguinte para o jantar de Natal. Foram momentos plenos de alegria. Antes de subirem para o quarto, Willie havia abastecido o fogão a lenha.

O agente funerário procurou por Karen quando ela ainda estava no hospital, para tratar da cerimônia fúnebre. Terrivelmente despedaçada, ela encontrou um estranho conforto ao saber que havia um caixão grande o bastante para que seus três amados fossem enterrados juntos. Apesar de a equipe médica ser muito eficiente e cuidar de todas as necessidades físicas de Karen, eles não podiam fazer nada pelo seu espírito destroçado. Assim que o agente saiu, ela chorou de desespero: "Meu Deus, está tudo destruído. Uma vida inteira acabou de virar cinzas!"

Karen não tinha mais marido, nem filhas, nem casa, nem bens de nenhum tipo. Eles não tinham seguro de vida, e o valor da apólice do seguro do imóvel era muito menor do que a casa valia. Aos 33 anos de idade, não lhe restara absolutamente *nada*.

Deitada ali, em total desolação, Karen foi percebendo a presença do Senhor ao seu lado, e uma voz calma falou diretamente à sua alma: "Você tem tudo o que precisa, Karen, porque ainda tem a mim."

O Senhor, silenciosamente, fez com que ela se lembrasse da história de Pedro, que conseguia caminhar sobre as águas em meio a uma violenta tempestade, desde que mantivesse os olhos fixos em Jesus. Ali, no hospital, Karen foi inundada por uma inesperada sensação de paz, e permaneceu firme na ideia de que, desde que mantivesse a mente e o coração em Jesus, ela conseguiria ser carregada através da dolorosa tempestade que os ventos da vida lhe trouxeram.

Do seu leito, ela escreveu uma linda carta para Willie e para as meninas, uma carta que seria lida no velório. O texto começava com uma lembrança amorosa do marido, seu verdadeiro herói, por amá-la tanto e por abrir mão da própria vida tentando salvar as filhas. A carta terminava assim:

*P.S.: Obrigada, Jesus. Embora eu esteja afastada das minhas menininhas preciosas, é um conforto saber que Willie segurava Rachel e Ruth nos braços quando eles foram conduzidos ao céu para ver o Senhor face a face. Vou manter Sua Palavra junto do meu coração e ler o que está escrito no Segundo Livro de Samuel, capítulo 1, versículo 23, que diz: "Foram tão amados e queridos na vida que, também na morte, não se separaram."*

Disseram a Karen que ela havia perdido tudo no incêndio, mas, como ela continuou agarrada à sua fé como uma tábua de salvação, Deus a agraciou com duas bênçãos que lhe trouxeram muita alegria. Só duas coisas haviam sido salvas do incêndio devastador. A primeira era um álbum com fotos preciosas de Willie, Ruth e Rachel. Apesar de arruinado por fora, as fotos estavam em perfeito estado, e isso representou um presente de valor incalculável para Karen.

A segunda bênção foi um grande amigo de Karen, Ray Carver, que apareceu na casa logo depois do incêndio e conseguiu convencer os bombeiros a deixá-lo entrar em meio aos destroços. Karen sabia tocar violino clássico, e chegara a dar aulas à filha de Ray. Procurando cuidadosamente por entre os escombros ainda fumegantes, ele encontrou o que procurava. Ali, nas cinzas, estava a caixa do violino de Karen. Ele torceu para encontrar um tesouro intacto. O estojo estava muito quente. Depois de removê-lo das ruínas com máximo cuidado, ele ligou para um amigo restaurador e perguntou o que deveria fazer em seguida. O restaurador o orientou a não abrir o estojo sob nenhuma hipótese, até que o objeto tivesse esfriado por completo. Então, quando o estojo foi finalmente aberto, o valiosíssimo violino de Karen, que era tcheco, fora fabricado a mão e tinha 200 anos de idade, foi encontrado com uma única corda arrebentada e pouquíssimos danos provocados pela água!

Diante da fé inabalável em Deus ao longo das semanas e meses que se seguiram, o Senhor cuidou bem de Karen. Um fundo para ajudar com as despesas do sepultamento e suas necessidades imediatas foi criado por meio da igreja, e uma amiga que passava o inverno na Flórida permitiu que ela se instalasse em sua casa vazia. Fulminada pelo luto e sentindo-se terrivelmente só, Karen passava os dias lendo a Palavra de Deus e tocando violino. Naqueles momentos calmos em companhia do Senhor, descobriu um inesperado consolo: começou a cantar. Apesar de toda a sua formação musical, nunca tinha sido cantora. Agora, as canções traziam alegria e paz à sua vida.

Ela continuava insegura com relação ao futuro, mas os amigos se ofereceram para ajudá-la a reconstruir sua vida. Antes de tomar qualquer decisão a respeito, um amigo de Karen, que era ministro religioso, a convidou para ir ao serviço de domingo à noite, em sua igreja em Newaygo, para tocar violino, cantar e compartilhar seu testemunho pela primeira vez desde a tragédia.

Naquela noite, Al Brunsting, um solteirão convicto, estava na plateia vendo Karen cantar, e reparou que seu belo rosto parecia irradiar um profundo amor pelo Senhor. Inclinando-se para um amigo ao lado, ele sussurrou:

— Bem que eu gostaria de conhecer uma jovem como essa.

Em seguida, quando Karen contou sua história, em meio a longos e emocionados intervalos, Deus tocou o coração de Al com uma compaixão profunda e um desejo de conhecer, ajudar e confortar aquela jovem. Al era um empresário, mas também bombeiro voluntário. Devido a isso, foi capaz de compreender a experiência de Karen melhor do que muitos dos que estavam presentes ali.

Duas semanas se passaram. Al escreveu uma carta a Karen, perguntando se poderia visitá-la. Apesar de receosa, aceitou. Ele fez a viagem de duas horas e meia de carro na semana seguinte e, um em companhia do outro, foram visitar o túmulo da família dela, levando flores. Era o dia do aniversário da pequena Rachel, e os dois visitantes choraram juntos. À medida que as semanas e meses foram passando, um amor suave começou a florescer.

No dia 4 de julho daquele mesmo ano, eles se casaram. Al brincou o tempo todo, dizendo aos convidados que havia perdido sua independência pessoal no Dia da Independência dos Estados Unidos. Juntos, enfrentaram um futuro que incluiria dias cheios de alegria e súbitas crises de pesar profundo, à medida que mais lembranças surgiam, mas Deus colocara Al na vida de Karen para que ela não tivesse mais de enfrentar esses momentos de dor sozinha. Logo depois do casamento, Karen ficou grávida, e se tornou claro que Deus pretendia abençoá-los de forma abundante! Quando já estava com oito meses de gravidez, Al mediu a fina cintura de outrora de sua esposa, que havia crescido muito e alcançara a marca de 125 centímetros! Duas semanas mais tarde, na véspera do Dia das Mães, os gêmeos Sarah e Seth vieram ao mundo.

— Talvez jamais tenhamos todas as respostas sobre o porquê de as coisas acontecerem em nossas vidas — diz Karen —, mas acredito que é nos momentos de profundo desespero que vemos as maiores demonstrações divinas de amor e fidelidade.

*Transformaste o meu pranto em folguedo; desataste o meu pano de saco e me cingiste de alegria.*

SALMOS 30:11

**Sua irmã é um espelho que, com seu brilho,
reflete um mundo de possibilidades.**[1]

BARBARA ALPERT

CAPÍTULO 21

## *Você Não Pode Contar Isso para Ninguém!*

POR CAROL KENT

Julie estava pensativa. *Toda menininha devia ter uma irmã*, refletiu. A própria Julie tinha um irmão dois anos mais novo, mas desde que se entendia por gente ela esperava por uma irmã mais velha, alguém com quem pudesse dividir não só as roupas, mas segredos e sonhos. Muitas vezes fingia que sua tia ou sua babá era uma irmã mais velha. À medida que o tempo passava, começou a implorar para que a mãe tivesse outro bebê.

A mãe de Julie ria muito e dizia:

— Julie. E se eu tivesse outro bebê e nascesse menino?

— Não! De jeito nenhum! — replicava Julie, com as mãos nos quadris. — Preciso de uma irmã! Por favor, mamãe.

O tempo foi passando e, aos 24 anos, Julie estava recém-casada; ela e a mãe trabalhavam na mesma empresa. Certa tarde, sua mãe lhe perguntou se arranjava um tempinho para encontrá-la do lado de fora do prédio, onde poderiam conversar sem interrupções. Julie explica, empolgadíssima, o que aconteceu em seguida:

— Ficamos sobre a passarela do lado de fora do edifício onde trabalhávamos. Minha mãe acendeu um cigarro e disse, com toda calma: "Tenho algo para lhe contar." Deu uma longa tragada no cigarro, soltou a fumaça lentamente e revelou: "Você tem uma irmã mais velha."

Atônita, Julie olhou para a mãe com apreensão e reserva. *Teria enlouquecido?* Os pensamentos de Julie se atropelavam enquanto ela absorvia a bomba surpreendente e chocante que sua mãe acabara de lançar.

— Como isso pode ser possível, mamãe? — perguntou, sem hesitar.

— Eu fiquei grávida aos 17 anos — foi a resposta imediata da mãe.

Por alguns momentos, Julie permaneceu muda, desconcertada e perplexa diante da chocante revelação. Foi então que a mãe rapidamente acrescentou:

— Você não pode contar isso para ninguém!

Quando a mãe de Julie era adolescente, ter um filho fora do casamento representava algo deplorável. Filha de um orgulhoso veterano de guerra grego, ela sabia que seria a vergonha da família. Mais tarde, Julie descobriu que a mãe havia fugido de casa nessa ocasião, conseguiu uma carteira de identidade falsa e encontrou hospedagem e compaixão no Abrigo St. Vincent, uma instituição católica para jovens solteiras que haviam engravidado por acidente.

Ao longo do tempo, mais detalhes do passado foram surgindo. O bebê nasceu em novembro e a mãe de Julie o entregou para adoção, oferecendo o mínimo de informação possível para os registros permanentes da criança. Tudo o que ela queria é que a família adotiva soubesse que a bebê já tinha sido batizada com o nome de Nanette.

Durante alguns anos, Julie passou a se sentir exultante ao pensar que em algum lugar do mundo ela realmente tinha uma irmã — uma irmã mais velha "de verdade" —, mas essa alegria era sempre seguida pelo desapontamento de perceber que jamais iria conhecê-la. Jamais não! Ela iria, pelo menos, tentar. Então se lançou em uma busca secreta para encontrar Nanette, mesmo tendo apenas o mínimo de informações. Entretanto, todas as tentativas foram infrutíferas.

Em um subúrbio de Chicago, Nanette, de 12 anos, estava sentada no último degrau da escada que levava ao segundo andar de sua casa, em uma noite em que seus pais recebiam visitas. Ouvindo a conversa dos adultos, descobriu que tinha sido adotada ainda bebê. Os pais de Nanette haviam mantido a adoção em segredo para a maioria das pessoas. A menina tinha sido criada na casa de um médico rico, mas sofrera rejeições por parte da mãe adotiva e também de outros membros da família. Embora o irmão também fosse adotado, a mãe fazia questão de deixar claro que ele era o filho favorito, o que provocava em Nanette baixa auto-estima e sentimentos de isolamento. Quando cresceu, Nanette sentiu vontade de conhecer suas verdadeiras origens. Ela se perguntava: *Quem são meus pais verdadeiros? Por que fui entregue para adoção? Será que eu tenho outros irmãos?*

A carência só aumentava enquanto ela ansiava por um lugar onde encontrasse aceitação e amor incondicionais.

Um belo dia, Nanette descobriu que sua adoção tinha sido promovida por uma organização católica voltada para caridade, a Catholic Charities. Quando chegou aos vinte e poucos anos, começou a escrever à organização perguntando sobre a mãe biológica. A administradora lhe enviou uma carta muito gentil, mas informou que os registros sobre seu caso estavam lacrados e não poderiam ser divulgados a ninguém.

Cinco anos se passaram depois da conversa com a mãe na passarela, e corria o mês de janeiro. Julie estava grávida do primeiro filho. Um dia, o telefone tocou. Era sua mãe, mas a voz parecia tensa, como se algo estivesse errado. Julie perguntou o que havia acontecido e ela respondeu:

— Nada não. Não há nada errado.

Julie insistiu e sua mãe, por fim, desabafou:

— Recebi uma carta hoje.

Por instinto, Julie reconheceu a causa da ansiedade da mãe e perguntou, sem pensar:

— Foi do Abrigo St. Vincent, não foi?

— Como é que você sabe? — A mãe estava incrédula.

*Como é que eu sei? Senti em meu coração que estava para receber as informações pelas quais busquei minha vida toda.*

Com empolgação cada vez maior, Julie perguntou o que a carta dizia. A resposta imediata foi:

— Você não pode contar isso para ninguém!

Julie ficou frustrada, mas, no fundo, sabia que a mãe estava estupefata com a notícia que acabara de receber. Por fim, ela disse:

160 MILAGRES DO ÁGAPE

— Sua irmã quer me conhecer.

Julie se mostrou tão empolgada que mal conseguiu conter a emoção:

— Mamãe, isso é incrível! Eu sonhava em ter uma irmã desde que era criança, e agora ela quer conhecer você? Isso quer dizer que *nós* vamos conhecê-la!

A mãe de Julie disse, com ar sombrio:

— Não tenho certeza sobre essas coisas e não sei exatamente o que devo fazer.

Logo ficou claro que a mãe de Julie estava preocupada com a reação da família. Sentia-se temerosa por contar aos pais, ao filho e aos outros parentes. Aquele segredo ficara guardado por muito tempo. Entretanto, Julie estava tão empolgada que não via nenhuma desvantagem na situação. Tinha uma irmã que queria conhecer a família biológica! Julie conversou com a mãe mais um pouco e a incentivou a assumir o risco.

Alguns dias depois, a mãe de Julie concordou em se encontrar com Nanette. A funcionária da agência de adoção foi muito prestativa. Elas combinaram de se encontrar em um restaurante em Darien, no estado de Illinois. A mãe e o pai de Julie chegaram mais cedo e se sentaram, esperando, nervosos, pela chegada de Nanette.

De repente, uma linda mulher entrou pelo restaurante. Foi o pai de Nanette que a viu primeiro. Seus olhos se encheram de lágrimas e ele exclamou:

— Meu Deus, é Julie!

Não, era Nanette, mas ela se parecia muito com a Julie. A semelhança era impressionante!

Seguiram-se saudações calorosas, abraços, beijos e muitas perguntas. Nanette descobriu que os pais biológicos haviam se casado não muito depois de ela ter sido adotada, pois estavam apaixonados e sua mãe estava grávida novamente — dessa vez de Julie. A essa altura, sua mãe já tinha completado 18 anos. Nanette ficou sem palavras quando ouviu o pai contar: papai me deu "a maior surra da minha vida" quando descobriu que eu tinha engravidado minha namorada.

Nanette ficou atônita ao saber que os pais verdadeiros continuaram juntos, casaram e ainda tiveram mais dois filhos. Lágrimas lhe escorreram pelo rosto quando descobriu que dois anos depois de Julie nascer, Peter veio ao mundo. Havia uma irmã e um irmão em sua vida dos quais ela nunca sequer tinha ouvido falar!

Algumas semanas mais tarde, a família inteira se juntou para jantar. Assim que Nanette entrou na casa, foi alegremente apresentada a todos. Por um momento, o tempo pareceu parar quando Nanette e Julie deram uma boa olhada uma na outra. Foi como se as duas estivessem se olhando no espelho. Os cabelos escuros eram idênticos no tom e no corte. Os traços faciais eram tão semelhantes que elas pareciam gêmeas. O coração de Julie quase pulou do peito quando pensou: *Finalmente eu tenho uma irmã de verdade!* Elas se apaixonaram uma pela outra na mesma hora.

Passaram-se 16 anos desde o fantástico reencontro. Julie e Nanette se tornaram grandes amigas. Viveram momentos de extrema felicidade e também tempos difíceis, mas elas sempre encontraram, uma na outra, conforto, apoio, alento e alegria em um relacionamento que nunca deixou de florescer.

Deus sabia do anseio de seus corações e Sua bênção veio por meio de uma imagem espelhada, no dia em que Ele colocou a vida das duas irmãs em contato. Elas sentirão falta do companheirismo da infância, mas terão o resto da vida para compartilhar e construir novas e boas lembranças.

*Senhor, diante de ti está todo o meu desejo, e o meu suspirar não te é oculto.*

SALMOS 38:9

Vamos à igreja não por nossas vidas estarem íntegras,
mas sim pelo fato de estarem despedaçadas.
A igreja é um hospital para pessoas que sofrem,
precisam de cura e integridade.

REVERENDO CASE ADMIRAAL

CAPÍTULO 22

# A Igreja que Praticava Aquilo que Pregava

POR JENNIE AFMAN DIMKOFF

Sentada no banco reservado à sua família, apertando com força as chaves na mão e a ponto de sair dali correndo, as lágrimas começaram a escorrer pela face de Maurene quando o ministro religioso foi ao púlpito com uma carta em mãos. Os filhos se colocaram um de cada lado da mãe, mas Jim, seu marido, estava ausente, em uma viagem de negócios. Maurene se sentiu assustada, exposta e envergonhada.

Foi lida uma carta da própria Maurene, endereçada à congregação e acompanhada por pedidos de desculpas. Depois de trabalhar durante vários anos como gestora em uma clínica, apropriara-se indevidamente de fundos dos médicos para os quais trabalhava. No dia seguinte, ela iria a um tribunal para ser julgada. Havia uma última esperança de que fosse deixada em liberdade condicional, mas no fundo do coração, tanto ela quanto o marido sabiam que não havia muita chance de isso acontecer. O mais provável é que fosse enviada para cumprir pena em uma prisão federal.

A Igreja que Praticava Aquilo que Pregava    165

Maurene e Jim haviam decidido que a melhor opção era serem absolutamente francos logo de cara com aquela igreja que funcionava como uma família, em vez de deixar que os frequentadores soubessem dos fatos por meio de boatos ou, pior ainda, pelo noticiário. O fato de marido e mulher serem líderes voluntários da congregação tornou a confissão ainda mais dolorosa. Maurene estava sentada ali, diante do ministro religioso, que lia as terríveis palavras da confissão e o pesaroso pedido público de desculpas; à sua esquerda estava a filha de seis anos e, à direita, o filho, de nove. Colocando os braços em torno deles, ela deixou a cabeça pender para baixo, de vergonha, e se preparou para ser verbalmente apedrejada.

Foi quando sentiu a mão de alguém em seu ombro. Olhando para trás, viu a amiga Kristi, sentada no banco atrás dela, que lhe ofereceu o que ela menos esperava — amor e apoio. Havia lágrimas nos olhos de Kristi, e Maurene começou a soluçar enquanto o reverendo continuava a leitura.

A carta não era apenas uma confissão e um pedido de perdão, mas também uma súplica para que a congregação não culpasse sua família pelos erros que eram apenas seus. Ao invés disso, pedia à igreja que a ajudasse a tomar conta de seus entes queridos enquanto ela estivesse longe, pagando o preço do seu terrível pecado. Com surpresa, viu braços que se estenderam em sua direção de todos os lados e, em vez de fugir dali correndo, como era sua vontade inicial, Maurene levou mais de uma hora para conseguir ir embora, pois muitas pessoas queriam lhe desejar força e encorajá-la de algum modo!

Enquanto dirigia ao voltar para casa, louvou a Deus por Ele tê-los levado àquela igreja maravilhosa, 12 anos antes. Percebeu que também havia outras coisas pelas quais ser grata. O dia que havia começado de forma tão deprimente se tornou um dia de esperança e de oportunidade para reconhecer Suas bênçãos. Mal podia esperar pela volta de Jim, à noite, para lhe contar tudo o que acontecera. Será que Deus também atuaria no coração do juiz, no dia seguinte?

Embora o domingo tivesse sido uma bênção, a realidade da segunda-feira e o terror que envolvia esse dia eram inescapáveis. Maurene e Jim seguiram de carro durante uma hora até o tribunal na capital do estado. O coração lhe martelava o peito quando eles se aproximaram da sala do tribunal. Entretanto, quando chegaram lá, viram o reverendo, um amigo da igreja e vários familiares que enchiam um dos bancos da sala, de ponta a ponta!

Quando os médicos chegaram, sentaram-se no banco que ficava logo atrás do de Maurene, que abaixou a cabeça de vergonha, pois sabia que a família, o reverendo, o amigo e os empregados que tanto haviam confiado nela ouviriam todos os detalhes do crime.

Quando o juiz estava pronto para pronunciar a sentença, alguém pediu a Maurene que se levantasse. Dirigindo-se a ela em um tom formal, o juiz lhe disse várias coisas, mas algumas das suas palavras calaram mais fundo no coração:

— A senhora cometeu um crime grave e deve ser punida. Entretanto, confesso-me bem impressionado com o grupo de apoio que a senhora conseguiu conquistar, e posso lhe garantir que tanto a senhora quanto sua família conseguirão sobreviver a essa experiência. Sinceramente desejo-lhe o melhor, e espero que a senhora utilize o tempo em que ficará afastada de todos para colocar a vida em ordem, a fim de poder voltar para a sua maravilhosa família.

"Por meio deste ato", completou, "condeno a senhora a 18 meses de prisão em uma penitenciária federal."

Temor e alívio se misturaram nesse momento. Certamente Maurene não ficou empolgada ao ouvir que ficaria longe de todos por um ano e meio, mas seu advogado a havia alertado de que ela poderia pegar até *10 anos* de cadeia, de modo que ela se considerou afortunada. Na verdade, recebera a sentença mínima para aquele tipo de crime. Logo depois da audiência, o juiz explicou que não havia nenhuma prisão federal no estado de Michigan e informou que a ré talvez fosse levada para algum outro complexo prisional em Illinois ou Ohio, porque a corte geralmente mantinha os prisioneiros cerca de 800 quilômetros de casa.

— A senhora receberá uma intimação da corte para se apresentar na prisão designada em mais ou menos seis semanas — avisou ele. — Aproveite para colocar todas as suas pendências e documentos em ordem, antes de se afastar de sua família.

Maurene sentiu-se grata por aquela janela de tempo, pois teria chance de estar em casa no dia do aniversário do filho e acompanharia a volta às aulas antes da partida. Porém, 14 dias após a sentença, recebeu uma carta instruindo-a a se apresentar voluntariamente dentro do prazo de duas semanas no Complexo Prisional Federal de Alderson, na Virgínia Ocidental, que ficava a mais de 1.200 quilômetros de sua cidade!

Foi difícil para Maurene, naquela noite, contar aos filhos que ela seria mandada para tão longe.

Sentada no colo da mãe, a pequena Mackenzie, de seis anos, perguntou:

— Por que você pegou todo aquele dinheiro, mamãe?

Maurene engoliu em seco e respondeu:

— Eu pensei que precisasse das coisas que só o dinheiro pode comprar.

Os olhos inocentes da menina pousaram nos da mãe, e Mackenzie respondeu:

— Mas, mamãe, você sabe que *coisas* não significam nada.

— Sim, agora eu sei, meu amor — disse Maurene, com os olhos cheios de lágrimas. Abraçou a filha com muita força e completou: — E como sei.

Os 14 dias que se seguiram foram caóticos. Com contas imensas pendendo sobre suas cabeças, Maurene e Jim já haviam solicitado falência à Justiça e a casa foi hipotecada. Sabendo que Jim teria de lidar com tudo sozinho, Maurene procurou desesperadamente acomodar a família em um novo imóvel antes de ser obrigada a se apresentar na penitenciária. Encontrou uma casa para alugar, mas ela ficava a mais de 30 quilômetros de tudo o que lhes era familiar, o que a deixou arrasada.

A dois dias de apresentar-se à penitenciária de Alderson, Maurene estava desempacotando a mudança na casa que haviam alugado, tentando deixar a família com o máximo de conforto que conseguisse antes de partir. Jim já se despedira, pois tinha uma viagem para o Colorado agendada antes de ela saber que teria de partir mais cedo. Além disso, eles precisavam, mais do que nunca, de todos os centavos do salário de Jim como motorista de ônibus interestadual. Ele levara o filho consigo, e isso significou uma despedida dolorosa a menos. Mackenzie ficaria com a mãe de Maurene até a volta de Jim. O tempo estava quente e não havia ar-condicionado na casa, mas ela e a filha continuaram a abrir as caixas da mudança. Maurene procurava guardar na memória o máximo que conseguisse do novo ambiente, para poder imaginar sua família morando naquela velha casa de campo.

Ao ouvir uma porta de carro que bateu, Maurene foi até a entrada e reconheceu uma fiel da igreja. Seus filhos eram colegas de turma dos filhos de Maurene e as duas mães também já se tinham visto na escola, mas apenas isso. Seu nome era Amy Winters.

— Oi, Maurene — cumprimentou Amy, vindo pela calçada com um cartão na mão. — Acho que Deus inspirou meu coração a vir aqui para lhe dizer que posso cuidar da sua família enquanto você estiver fora. — Havia lágrimas em seus olhos. — Entregue o nosso número de telefone a Jim para combinarmos um esquema para quando ele estiver fora da cidade. Mike e eu cuidaremos dos seus filhos e faremos com que eles tenham tudo o que precisarem.

Maurene estava em prantos antes mesmo de Amy ir embora, pois um fardo fora tirado dos seus ombros. Sem dúvida, Deus os havia tocado naquele dia com a verdadeira bênção que foi a visita de Amy. A oferta não era da boca para fora... Era genuína.

Duas das irmãs de Maurene e uma sobrinha a levaram de carro até a Virgínia Ocidental, onde tornou-se interna no Complexo Prisional de Alderson para começar sua vida como detenta. Nos meses em que esteve lá, passou muito tempo divulgando a Palavra de Deus, ajudada pelas mulheres do grupo de estudos da Bíblia de sua igreja, que lhe enviavam anotações e material todas as semanas. Outra colega de congregação lhe enviava semanalmente a gravação do sermão dominical do ministro religioso.

Os guardas da prisão a tratavam com muita humanidade. Apenas uma vez foi pega conversando quando não devia e recebeu um castigo: teve de "empurrar o Cadillac", gíria usada para o ato de faxinar. Mesmo isso, porém, foi uma coisa boa, pois as detentas perceberam que Maurene era uma pessoa como elas e começaram a confiar na nova companheira. Além do mais, Maurene recebeu um trabalho que amava: era assistente da professora e ajudava as outras detentas a conseguir o GED, o exame norte-americano que comprova a capacitação plena no ensino médio.

Embora estivesse longe de casa, recebia correspondências de irmãos da igreja todos os dias. Maurene achou que esse fluxo acabaria depois de algum tempo, mas isso não aconteceu. Quando a família ficou financeiramente quebrada devido à falta do seu salário no orçamento, ela se sentiu chocada e, ao receber a notícia de que um casal da igreja se ofereceu para pagar o aluguel da casa enquanto ela estivesse fora, humildemente aceitou. Os vizinhos Amy e Mike cuidavam dos filhos de Maurene como se fossem deles, e lhes forneciam material escolar, roupas e até os docinhos para as festas da escola. O marido de Maurene não teria conseguido manter o emprego, que tantas vezes o levava para longe da cidade, se não fosse a ajuda dos bons amigos. Repetidas vezes Deus cobriu Maurene de graças e de amor, geralmente por meio de indivíduos da sua congregação.

Maurene fez profundos exames de consciência durante os meses em que esteve como detenta, e se sentiu uma pessoa melhor ao sair de Alderson. Não só ela finalmente se livrara da culpa que a deixara tão deprimida, mas sabia com certeza que tinha sido perdoada por Deus e ainda tinha um lugar guardado no céu. Ao mesmo tempo, descobriu que amava o marido, Jim, mais do que nunca. Ao longo de toda essa dolorosa provação, ele nunca emitiu uma única palavra de censura, nem sobre o quanto aquilo havia afetado a sua vida e a rotina das crianças. Continuava a amá-la profundamente.

Para sua surpresa, um antigo patrão lhe ofereceu trabalho para assim que ela saísse da prisão. Uma das maiores bênçãos foi conseguir voltar à sua igreja e ser recebida de braços abertos, sem nunca sentir que ficaria marginalizada. E voltou com força renovada, cantando no coral, trabalhando junto das pregadoras e, mais tarde, tornando-se superintendente da escola bíblica.

*Redimir* significa muitas coisas, inclusive "recuperar-se", "libertar-se do que aflige ou fere", "reformar" e "restaurar". Maurene vivenciou a bênção da doce redenção divina não apenas pelo perdão do seu pecado, mas também por meio da ajuda da verdadeira família que era a sua congregação. A diretora do ministério feminino que trabalhou lado a lado com Maurene nos anos que se seguiram fez o seguinte comentário:

— Todos nós superamos o que aconteceu. Creio que o nosso ministro religioso deu o tom para que tanto o perdão quanto o amor pudessem se manifestar. Não havia razão alguma para vergonha nem culpa. Jesus já tinha carregado tudo isso na cruz.

*Fazei disso sua prática comum: confessai vossas culpas uns aos outros e orai uns pelos outros, para que possais viver juntos, íntegros e curados.*

ADAPTAÇÃO DA EPÍSTOLA DE TIAGO 5:16

O propósito da vida não é simplesmente fazer.
Também envolve ser e agir.[1]

JAN JOHNSON

# CAPÍTULO 23

## *Fórmula para a Vida*

POR CAROL KENT

A empolgação do Natal havia passado. O calendário foi trocado, o ano virou 1979 e o inverno começou pra valer. Para Mary Kay Roy, janeiro era normalmente o mês em que ela se recuperava da agitação das festas de fim de ano e se reorganizava, antes de se dedicar a novas atividades. Mas naquele ano foi diferente.

Mary Kay começaria a ministrar aulas em uma nova turma na igreja. Passava os dias estudando, planejando e orando para que tudo desse certo nessa nova oportunidade. A Bíblia Sagrada tinha sido uma ferramenta importante e transformadora ao longo de toda a sua vida, e queria demais compartilhá-la. Como a preparação das aulas e o trabalho de aconselhamento que acompanhava o ofício tomavam muito do seu tempo e da sua atenção, demorou a perceber as mudanças no comportamento do marido. Entretanto, depois de algum tempo, finalmente notou o desânimo nos olhos de Shane, bem como a insatisfação com o trabalho. Como ele era um homem de natureza sossegada, Mary Kay não soube ao certo quando foi que essa mudança havia de fato começado.

*Fórmula para a Vida* 175

Shane tinha 43 anos, era nefrologista pediátrico e professor catedrático na Universidade do Tennessee. Seu trabalho não era nem um pouco tedioso ou monótono; pelo contrário, era dinâmico e interessante. Ele dava aulas para estudantes, residentes e colegas, tinha um consultório, fazia pesquisas clínicas e era codiretor da Unidade de Hemodiálise Pediátrica em um hospital. Mas toda a alegria e o entusiasmo pela medicina haviam desaparecido. Durante várias semanas, Mary Kay o viu indo para o trabalho tão cansado e desmotivado quanto uma pessoa que acabava de enfrentar um dia por demais estressante. De vez em quando, mencionava um ou outro problema no trabalho, falava de desestímulo pessoal e a sensação de não estar indo a lugar algum.

Shane e Mary Kay pouco conversavam sobre a situação porque falar sobre o problema não parecia ajudar nem mudar nada. Por causa da personalidade responsável e da confiabilidade, Shane continuava a fazer seu trabalho, mas já com uma espécie de resignação. Por fora parecia o mesmo, mas por dentro sentia muita inquietação e um silencioso desespero. Depois de 33 anos de casados, sabia o que seu companheiro sentia. Parecia tão atormentado que ela também sentia sua dor. O coração de Mary Kay ansiava por um modo de acabar com a depressão de Shane, mas nenhum dos seus esforços diminuiu sua apatia diante da vida.

Em maio, uma amiga recomendou-lhe a leitura do livro *Os homens na crise da meia-idade*, de Jim Conway. A obra ajudou Mary Kay a compreender as frustrações e pressões que os homens vivenciam no trabalho, o enorme peso da responsabilidade para prover suas famílias e a percepção de que lhes restaram poucos anos de vida ativa para esperar por uma boa promoção, antes de o mercado de trabalho começar a procurar profissionais mais jovens. Aprender sobre essas questões ajudou-a a compreender Shane, mas não mudou nada.

Questionava-se como poderia socorrer o marido, aquele homem que ela amava tanto que, quando ele sofria, ela também sofria. Fez todos os esforços para evitar que pequenos problemas domésticos se tornassem um fardo a mais sobre ele. Esmerou-se para tornar a casa um lugar de refúgio e tranquilidade. Logo descobriu, porém, que paparicar demais uma pessoa deprimida provocava o efeito oposto ao desejado.

Angustiada, entregou seu desamparo e sua frustração a Deus. Algo precisava mudar. Em vez de dizer ao Senhor como responder às suas preces, como fizera no passado, simplesmente pediu para restaurar a alegria e o entusiasmo de Shane com o trabalho. Algum tempo depois, a própria Mary Kay testemunhou:

— Sinto-me grata por ter deixado todos os detalhes nas mãos de Deus, porque jamais poderia ter imaginado o surpreendente remédio que Ele providenciaria.

No fim de junho, Deus começou a responder não apenas às preces de Mary Kay, mas também às de vários pais que sofriam a dor de ver seus bebês se enfraquecendo dia a dia por causa de uma doença sem diagnóstico. O hospital onde Shane trabalhava também tinha recebido dois recém-nascidos com um mistério clínico semelhante. Os bebês não ganhavam peso, ainda que estivessem mamando fórmula (complemento) em quantidade suficiente. Os exames de sangue sugeriam uma doença renal hereditária. Embora o trabalho de Shane fosse basicamente clínico e não laboratorial, ele tinha o mesmo espírito curioso e desbravador dos pesquisadores.

Shane e um dos colegas começaram a buscar uma solução para curar a misteriosa doença que provocava má nutrição. Pesquisaram na literatura especializada os ingredientes listados na fórmula infantil. Eles deveriam incluir ingredientes suficientes para promover o crescimento. O mais estranho era que os bebês com carências minerais começaram a melhorar quando os médicos decidiram acrescentar os minerais em falta à nutrição, como uma superdose, e isso excluiu a possibilidade de doença genética.

No dia 22 de julho de 1979, deu entrada no hospital um terceiro bebê com os mesmos sintomas. Shane perguntou à enfermeira, na mesma hora:

— Que marca de complemento a criança está tomando?

— A mesma dos outros dois bebês — foi a resposta.

O fabricante da fórmula foi consultado para informar se algum caso similar já havia sido relatado. A resposta foi negativa, mas tudo mudou 36 horas após a ligação de Shane.

Ele então resolveu testar a fórmula em dois laboratórios e o mistério foi solucionado: simplesmente não continha o que o rótulo informava! A essa altura, a administração do hospital, as autoridades de saúde locais e os Centros para Controle de Doenças já haviam sido alertados. Foram marcadas reuniões com o fabricante, com vários médicos e organizações pró-saúde. A fórmula sofreu um recall, e foi preciso recolher das prateleiras para solucionar o problema. Shane começou a se empolgar. Conversava sobre o que tinha acontecido e trocava informações com médicos de todo o país, bem como com os outros colegas do hospital. Os telefones tocavam sem parar.

Um dia, ela percebeu que Shane estava tão envolvido em encontrar a solução para o problema, que a depressão... desapareceu. Deus havia respondido ao seu pedido de uma forma que ela nunca poderia ter imaginado. Perguntou a si mesma se devia contar a Shane sobre sua oração específica. Ao mesmo tempo, observava o entusiasmo e a empolgação do marido crescer, à medida que ele descobria as possibilidades de pesquisas a partir dessa experiência.

Uma noite, quando o casal estava se preparando para dormir, Mary Kay tinha acabado de escovar os dentes e Shane ainda ajustava o alarme do relógio de cabeceira para a manhã seguinte. Ela se maravilhou com esse simples gesto, percebendo que um novo dia era algo pelo qual, agora, ele ansiava com muita motivação. Ainda segurando a escova de dentes, entrou no quarto e disse para o marido:

— Há algo que eu preciso lhe contar...

Shane a fitou, esperando que dissesse mais alguma coisa. Depois de respirar fundo, ela completou:

— Pedi a Deus que Ele fizesse algo para restaurar a alegria e o seu entusiasmo pelo trabalho, querido, mas nunca sonhei que a resposta do Senhor fosse tão grandiosa.

Shane caiu para trás na cama, como se tivesse recebido um soco no estômago. Subitamente percebeu que Deus tinha estado no controle de todo o processo, e essa ideia o deixou tonto. Deus não só havia lhe revelado a resposta para a falta de crescimento dos bebês, mas também tinha usado Shane como foco central de todo o processo, em resposta direta às preces da esposa.

Essa descoberta médico-científica e a subsequente cobertura pela TV fizeram com que um deputado do Tennessee convocasse uma audiência pública para solicitar o recolhimento da fórmula infantil em todo o país e a reavaliação dos ingredientes. Essa e outras audiências culminaram na redação e aprovação da Lei de Alimentos para Bebês, que foi assinada e posta em vigor pelo presidente Jimmy Carter em 26 de setembro de 1980. Shane teve o privilégio de assistir à assinatura da lei.

Naquele ano, Deus abençoou o marido de Mary Kay com um senso de objetivo, e trouxe significado e a possibilidade de realização profissional e pessoal à sua vida. Shane sabia que seu trabalho era extremamente importante e que as vidas de muitas crianças haviam sido salvas como resultado da sua investigação.

O competente e humilde marido de Mary Kay Roy foi se juntar ao nosso Senhor há cerca de um ano, mas ela nunca esquecerá a maneira como Deus respondeu à sua prece por algo que mudasse a vida de Shane de forma espetacular.

*O Senhor diz:*
*Instruir-te-ei e ensinar-te-ei o caminho*
*que deves seguir pela vida;*
*aconselhar-te-ei e cuidarei de ti.*

SALMOS 32:8

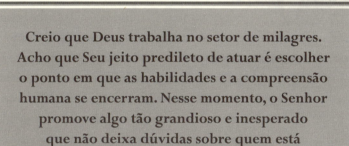

Creio que Deus trabalha no setor de milagres.
Acho que Seu jeito predileto de atuar é escolher
o ponto em que as habilidades e a compreensão
humana se encerram. Nesse momento, o Senhor
promove algo tão grandioso e inesperado
que não deixa dúvidas sobre quem está
no comando à volta de cada um de nós.[1]

EMILIE BARNES

## CAPÍTULO 24

## *Casa à Venda*

POR JENNIE AFMAN DIMKOFF

— Gostaria tanto de poder ir até lá contigo agora de manhã!

— Eu também, querida, mas você pode orar aqui mesmo. Estou contando com isso. — Papai se inclinou, deu um beijo de despedida em mamãe e saiu pela porta.

— Diga a Madelyn que eu mandei lembranças, se você tiver a chance de vê-la hoje à tarde! — gritou quando ele saía, e suspirou, recostando-se na cadeira de balanço acolchoada. Minha mãe, Pauline Afman, estava se recuperando de um problema no coração e sofria o desânimo de ainda se sentir frágil como um passarinho.

Quando eu estava no primeiro ano do ensino médio, a nossa família tinha se mudado para uma outra cidade, onde meu pai se tornou ministro religioso de uma igreja local. Naquela manhã, papai faria a longa viagem até uma clínica de queimados em Ann Arbor. Planejava visitar um membro da nossa igreja que havia sofrido queimaduras gravíssimas em um acidente, durante a troca de óleo de um dos automóveis na oficina em que trabalhava. Se houvesse tempo depois da visita ao paciente e à sua família, papai planejava parar em

Durand, bem no meio do caminho da viagem de volta, para verificar o estado da nossa antiga casa. Ele e mamãe eram proprietários do imóvel onde nossa família havia morado durante o tempo em que meu pai estivera à frente da congregação religiosa local. A igreja em Durand tinha alugado a casa de nossa família durante alguns meses, logo depois que nos mudamos. Mais tarde, porém, resolveu comprar um imóvel próprio e a casa ficou vazia novamente. Meus pais a colocaram à venda de imediato, espalhando diversos anúncios nos classificados da cidade, todos sem resposta. Uma casa desocupada e a tantos quilômetros de distância era uma sobrecarga financeira, e eles *precisavam* encontrar um comprador.

Fechando os olhos, mamãe pensou no marido bonitão e em todo o peso que devia estar enchendo sua mente e seu coração naquele dia. Com as mãos cruzadas no colo, direcionou o coração para o Pai Celestial e orou baixinho: "Bendito seja o Senhor, ó minha alma, e, com tudo o que existe em meu coração, eu glorifico Seu sagrado nome."

Palavras de louvor vieram com facilidade aos seus lábios e, depois de alguns minutos, mamãe se pôs a apresentar suas preocupações ao Senhor: a vítima de queimaduras e sua família, o marido, que viajava naquele momento para visitá-los e a casa vazia em Durand que eles tanto precisavam vender, mas não conseguiam. Uma sensação de paz a preencheu enquanto ela orava, e mais uma vez viu-se agradecendo ao Senhor pela lealdade que Ele sempre dedicara a ela e à sua família.

Algumas horas depois, meu pai, o ministro religioso Clyde Afman, saiu do hospital em Ann Arbor e seguiu para Durand. Seu coração ainda pesava de dor pelo paroquiano hospitalizado e seus familiares. Ele sofrera queimaduras terríveis, mas, apesar da gravidade, conseguiria se recuperar.

Meu pai havia congregado com a família e exultou de alegria quando, em companhia deles, recebeu a boa notícia do médico. Soube também que, apesar do bom prognóstico, a recuperação seria um processo lento e doloroso.

Ele não tinha como entrar na casa em Durand e precisava pegar a saída da estrada em Linden Lake, para buscar a chave com Madelyn Menzel, uma corretora aposentada que era amiga deles e se oferecera para mostrar o imóvel a quem se interessasse. Muito cansado e ainda preocupado com o sofrimento da vítima que acabara de visitar, papai passou da entrada para Linden Lake sem perceber. A próxima saída ficava muitos quilômetros adiante e ele sentiu desânimo ao ver o tempo que perderia. De repente lhe ocorreu que seria melhor parar e telefonar para Madelyn, para ver se ela estava em casa. Como não sabia se teria tempo de passar por lá ao sair do hospital, não a avisara da visita. Se ela não estivesse em casa, seria uma perda de tempo ainda maior voltar todo aquele percurso.

Isso tudo aconteceu nos anos 60, e quando papai chegou à saída seguinte olhou em volta em busca de um posto de gasolina com uma cabine telefônica. Realmente havia um posto com uma cabine, mas, para sua frustração, um carro estava estacionado ao lado dela e um homem a ocupava. Papai parou o carro atrás do outro e esperou... e esperou... O homem parecia estar colocando a conversa em dia.

Esgotado e já um pouco irritado, meu pai resolveu sair do carro e se plantar ao lado da cabine, pois assim o sujeito perceberia que outra pessoa precisava usar o telefone. Ao se aproximar da cabine, percebeu que o homem tinha um jornal aberto diante de si e parecia procurar algo nos classificados. Procurava um emprego, talvez? Será possível que ele estivesse precisando de uma casa para comprar? Enquanto esperava, meu pai começou a orar.

Quando o homem finalmente saiu da cabine, papai se aproximou dele com um sorriso nos lábios.

— Olá! Espero que a minha *insistência* não o tenha incomodado.

O homem murmurou um pedido de desculpas por levar tanto tempo e balançou o caderno de classificados do jornal com ar de desânimo.

— Não pude deixar de notar que o senhor procura algo nos classificados. Por acaso seria um imóvel? — quis saber papai. — Porque minha esposa e eu temos uma casa à venda em Durand.

Arregalando os olhos de surpresa, o homem explicou que realmente buscava uma casa em Durand, e o bairro onde a casa de meus pais ficava era *exatamente* o que ele e a esposa haviam escolhido! Papai estendeu a mão e se apresentou ao homem, cujo nome era sr. Zager, e marcou um encontro para mostrar a casa para ele e a esposa na semana seguinte.

Um minuto depois de meu pai se despedir do sr. Zager, mamãe atendeu o telefone em nossa casa lá em Sandusky e ouviu a voz entusiasmada do meu pai do outro lado da linha:

— Pauline, você não vai acreditar! Fiquei tão empolgado que não consegui esperar até voltar para casa e lhe contar tudo o que aconteceu!

Falando da mesma cabine que ele esperara com tanta paciência para usar, papai contou à mamãe a surpreendente história de ele ter perdido a saída para Linden Lake e acabar encontrando um potencial comprador para o imóvel.

O homem que Deus colocara na cabine telefônica à espera de meu pai acabou comprando a casa. Clyde e Pauline Afman jamais esquecerão a maneira como Deus abençoou suas vidas naquele dia. O que meu pai julgava ser uma infeliz distração, uma falha ao deixar de entrar na saída correta da estrada, um inconveniente na sua viagem e uma perda de tempo, acabou por se mostrar um maravilhoso presente de Deus e uma resposta para as preces de ambos.

*Bendize, ó minha alma, ao Senhor, e tudo o que há em mim bendiga o seu santo nome.*

SALMOS 103:1

Se eu ousar levar a vida autêntica para a qual fui criada, as coisas poderão ficar complicadas e nem tudo sairá de acordo com os planos. Mas se eu não levar a vida de forma autêntica, correrei o risco de perder o entusiasmo pela vida. Quando obedeço a Cristo, tudo em minha existência se torna mais sagrado, e eu me torno mais verdadeira.[1]

BRENDA WAGGONER

CAPÍTULO 25

# *Momento Perfeito para Fogos de Artifício*

POR CAROL KENT

—Eu preciso desligar agora, Allison, acho que me distraí e peguei a estrada errada!

April estava numa ansiedade danada para contar a transformação pela qual havia passado à sua confidente espiritual, mas ela teria de esperar um pouco mais. Quando desligou, analisou a situação: *Estou no escuro, no meio da estrada, perdida e sozinha.*

Depois de um retorno feito de forma abrupta, soltou um suspiro de alívio. Finalmente havia encontrado o caminho certo na rodovia I-77, rumo ao sul, e se preparou para a longa viagem de 10 horas de volta para casa. Subitamente ouviu um barulho forte e assustador: *Boom!* A isso se seguiu uma série de estalos graves: *Ziiisss! Choooop! Pop!*

Abaixou a cabeça e segurou a direção com mais força. O branco dos nós dos dedos apertando o volante se misturou a diversos tons de vermelho, azul e verde enquanto ela, assustada, se mantinha firme para não perder o controle do veículo.

Do nada, uma chuva de fogos de artifício encheu os céus. Os pensamentos de April se desencontraram: *Mas nós não estamos no Dia da Independência! De onde vêm todos esses fogos?*

O brilho e as cores eram ofuscantes, e ela pensou em parar no acostamento para apreciar o espetáculo, mas estava muito longe de casa e seguiu viagem. Enquanto passava sob aquele céu repleto de luzes, cores e sons, April recitou, de forma involuntária, a última citação do seminário do qual havia participado no fim de semana: "Quando sua alegria em Mim se une à Minha alegria em ti, surgem fogos de artifício de êxtase celestial."[2]

Nesse instante, teve certeza de que realmente estava na estrada certa.

A palavra "alegria" era pouco para descrever seu estado de espírito. A descoberta que April fizera naquela jornada havia começado, na verdade, sete anos antes. Ao longo de todo aquele período, ela se impedira, por todos os modos e meios, de compartilhar os segredos do seu passado. Nunca contara a ninguém sobre como o pai militar havia cometido suicídio depois de matar a segunda esposa na frente dos três filhos que tinha com ela, nem compartilhara com nenhum amigo a história de suas tentativas frustradas de adotar seus meios-irmãos.

Seus pensamentos galoparam, descontrolados: *Eu até consigo contar a todos sobre ter sido criada sob um rígido punho militar, sobre meus complicados anos no tempo de escola e sobre a perda de meus dois primeiros filhos por aborto espontâneo, mas não posso contar a ninguém sobre o que aconteceu com meu pai!*

April e Michael, seu irmão caçula, eram típicos "filhos de militar". Tendo sido criados por um pai que era primeiro-sargento reformado do Exército americano, seguiam tirânicos padrões de comportamento: *Era fundamental estar no controle em todos os momentos; nunca deveriam envergonhar a família, o país nem a si mesmos; problemas familiares não deveriam ser compartilhados com ninguém, muito menos em público.*

Seu pai tornou a se casar 10 anos depois de reformado e se tornou pai de mais três filhos, mas continuou seguindo com rigidez seus princípios e comportamentos. Entretanto, havia quebrado seu próprio código de conduta ao tirar a vida da esposa e, em seguida, cometer suicídio, fato que modificou para sempre o futuro de April.

Em uma quinta-feira, 1º de agosto de 2002, às 23h17, o mundo de April tinha virado de cabeça para baixo. Depois de ser informada da notícia chocante, uma série de perguntas formou um redemoinho em sua cabeça: *Por que eu não fui informada a tempo da morte de meu pai e de minha madrasta? Por que os policiais se recusaram a dar informações sobre o paradeiro de meus irmãos? Por que a Justiça exigiu uma visita supervisionada na primeira vez que fui vê-los, depois do ocorrido? Por que parecia tão difícil me comunicar com a família da minha madrasta? Por que meu marido e eu não conseguimos a custódia dos meus três meios-irmãos? Foi porque eu era a filha do assassino?*

A única coisa que April teve chance de dizer à família da sua madrasta foi "Sinto muito!". Nos meses que se seguiram à tragédia, a "culpa por associação" parecia a única explicação para o recebimento de tão poucos cartões de condolências. Igualmente, pouquíssimas pessoas tiveram a gentileza de lhe telefonar para demonstrar algum tipo de compaixão. April evitava até mesmo fazer compras em shoppings sempre que voltava para sua cidade natal nas festas de fim de ano, para evitar conversas com velhos amigos. No retorno ao trabalho depois de duas semanas, simplesmente informou aos colegas: "Meu pai e minha madrasta tiveram uma morte trágica."

*Momento Perfeito para Fogos de Artifício* 191

Ela não escondeu deliberadamente o que o pai havia feito, mas tinha receios. O medo do julgamento e da condenação pública parecia deixar April congelada.

Ela e Jason, seu marido, moravam em uma cidade a menos de quatro horas da cena do crime. Jason era um promissor e respeitado vice-diretor de escola, e April era consultora e orientadora vocacional dos alunos de um internato de prestígio. As pessoas confiavam neles para cuidar de seus filhos! Ela se perguntava o tempo todo: *Se as pessoas descobrissem que sou filha de um assassino, será que aceitariam que nós dois continuássemos a trabalhar com os filhos delas? Será que aceitariam nossa participação nas atividades ministeriais da igreja?*

A rígida criação de April a deixara precondicionada a manter silêncio sobre a tragédia. Pouquíssimas pessoas a procuravam tentando consolá-la e, quando isso acontecia, sua educação militar a fazia declinar, com toda gentileza, das condolências. Ela se via soterrada em um misto de orgulho, vergonha e medo. Sentia-se aterrorizada de as pessoas a julgarem pelos atos impensados do pai, e simplesmente decidiu nunca mais falar sobre o assunto. Certo dia, ao orar, pediu em voz alta: "Senhor, sou muito grata pela minha facilidade em me comunicar com as pessoas, compartilhar momentos com elas e incentivá-las; pretendo usar essas habilidades sempre, mas não me obrigue a falar sobre o meu pai."

Só que ela descobriu, com o tempo, que se entrincheirar por trás dos próprios segredos não passava de uma prisão construída por si mesma, e certamente não era o plano de Deus para um futuro produtivo.

Mais tarde, naquela mesma noite, em algum lugar perto da fronteira entre os estados de Ohio e Virgínia Ocidental, ela ligou para outra amiga:

— Georgie Anne, o seminário do qual participei no Michigan foi transformador. Eu finalmente consegui compartilhar com as pessoas o que aconteceu com meu pai! Sinto-me livre, verdadeiramente liberta! Deus me abençoou de forma poderosa, mas estou exausta. Acredito que não conseguirei dirigir até em casa. Gostaria de passar a noite em algum hotel perto da sua casa e adoraria ir à igreja com você amanhã de manhã.

Imbuída da famosa hospitalidade sulista, Georgie recebeu a notícia da chegada da amiga de forma calorosa, alegrou-se com as novidades e lhe indicou um hotel nas proximidades, além de lhe informar os horários dos cultos para a manhã seguinte.

Georgie tornou a ligar para April poucos minutos depois:

— Amiga, logo que você desligou fui ver a programação da igreja. No momento, nós estamos sem um pastor oficial, mas notei que talvez você conheça o ministro convidado para realizar os cultos de amanhã.

As palavras que saíram da boca de Georgie Anne logo em seguida deixaram April em estado de choque:

— Trata-se do reverendo King. Você o conhece?

A cabeça de April pareceu girar de estupefação. Ela pisou no freio, desviou para o acostamento e seguiu lentamente pela grama até parar por completo. *Você está me perguntando se eu o conheço?*, pensou. *Sim, eu o conheço! Ele foi ministro da minha igreja no último ano do ensino médio. John King conhecia meu pai. Frequentaram a mesma escola e eram amigos. Eu ia à colônia de férias da igreja com a filha dele. Temos uma história em comum e ele conhece o segredo da nossa família.*

Ao longo da hora e meia de estrada que se seguiu, April orou: *Por favor, meu Deus, está realmente falando sério? O Senhor e eu fizemos um trabalho fabuloso nesse fim de semana, durante a conferência. Foi uma enorme barreira que eu superei! Fiz exatamente o que o Senhor queria. Compartilhei com todos a minha história, em voz alta, na frente de outras pessoas! Isso está indo depressa demais para mim. Será que devo me mostrar vulnerável diante do reverendo King.*

De repente, April sentiu de forma tangível a alegria de Deus naquele instante, mas também muita apreensão. Seus velhos amigos, o orgulho, a culpa e a vergonha, sentaram-se completamente à vontade nos bancos do seu carro. Prenderam os cintos de segurança, como se dissessem: "Não temos planos de ir embora, April. Ser autêntica e se mostrar vulnerável só vai lhe trazer dor. Permaneça na zona de conforto do seu segredo. Não comente nada sobre o seu doloroso passado. É arriscado demais."

Resistindo bravamente a seguir seus velhos padrões de comportamento, April descalçou os sapatos e decretou que cada quilômetro restante até o hotel seria considerado "solo sagrado". Foi então que vivenciou uma miríade de emoções: "Ao longo de todos esses anos eu passei por momentos de desespero e de confissão, e sabia que Deus não estava me chamando apenas para falar em voz alta, mas também para *viver* em voz alta."

Assim que entrou no quarto de hotel, April se colocou com o rosto no chão diante do Senhor. Eram duas da madrugada. Ela nem mesmo desfez a cama, nem trocou de roupa. Sabia que no dia seguinte teria de conversar com o reverendo King, enfrentar seu passado e viver com plena autenticidade. Queria estar espiritualmente preparada.

Quando o sol raiou, April se ajoelhou em oração. Não conseguiu se lembrar da passagem completa do capítulo 6 da Epístola aos Efésios que lista todos os componentes da armadura de Deus, mas sabia que devia estar preparada para travar uma batalha emocional e espiritual. Sua mente corria em disparada: *Tenho um filho de três anos que usa uma espada e um escudo até para ir à padaria. Eu devia me lembrar dessa passagem das escrituras! Qual é mesmo a última peça da armadura?* Ela orou: *Pai Celestial, não consigo me lembrar de qual componente da armadura estou esquecendo, mas será que o Senhor me ajudaria a vestir a armadura completa?*

Momentos mais tarde, as palavras lhe vieram à cabeça: *Desejo a verdade nas suas entranhas.*

*VERDADE! O cinturão da verdade!* Satisfeita, finalmente compreendeu que não era apenas uma lista verbal que a prepararia para o dia que tinha pela frente. Deus falou ao seu espírito: *April, a minha verdade vai ajudar você a viver de forma autêntica.*

Dirigindo até a igreja, ela sabia que o foco daquele dia não era o encontro com o reverendo King. April enfrentava seu próprio pecado de vergonha, culpa, orgulho e medo. Aquele tinha sido um longo trajeto, e ela ansiava pela liberdade que nos acompanha quando somos honestos sobre nosso passado e nos alegramos ao enfrentar a verdade. Sabia que aquela jornada representaria uma transformação completa em sua vida, de dentro para fora. Exigiria coragem, ousadia e resistência. O mais difícil seria dar o primeiro passo.

Deus não lhe enviou fogos de artifício naquela manhã, mas assim que entrou na igreja, os olhos de April pousaram sobre o consolo da lareira que havia no saguão. Ali estavam entalhadas as seguintes palavras: *Sou o caminho, a verdade e a vida. Ninguém chega ao Pai a não ser por mim.*

Encontrou conforto nessas palavras, mas os pensamentos disputavam cabo de guerra dentro de sua cabeça: *Ó Senhor, será que o reverendo King vai se lembrar de mim? O que ele estará pensando de mim e da minha família? Sei que ele trabalhou como ministro para a família das vítimas do crime do meu pai, e certamente sabe que eu sou a filha do assassino. Entendo que é preciso enfrentá-lo, mas tenho medo.*

— Por meio de vossa ajuda, Senhor, aqui vou eu — murmurou April ao entrar no santuário. Logo depois do serviço, viu-se caminhando em linha reta até o reverendo King, para lembrar-lhe quem era. As palavras se atropelaram ao sair de sua boca no instante exato em que contou a ele sobre a forma poderosa com que Deus estava transformando a sua vida.

A resposta foi gentil e compassiva:

— April, estou imensamente feliz por saber que Deus está agindo em sua vida!

A culpa que sentia pelo que o pai tinha feito mais de sete anos antes começou a perder força no instante em que ela reconheceu a aceitação e a genuína compaixão que o reverendo King lhe oferecia. Nesse instante, olhou para a esposa do ministro religioso.

Forçando passagem pelo meio da massa compacta de fiéis, aproximou-se da sra. King com alguma hesitação. Mas logo se viu nos braços de uma amiga afetuosa, não de uma crítica severa, e abriu o coração com alguém que conhecia as dores do seu passado.

— April, você é pura; e está limpa.

Foi como se a sra. King compreendesse que ela sentia culpa por associação. Ela e o marido perceberam de imediato que April precisava conhecer pessoas que não a vissem por um ângulo negativo. As gentis palavras da sra. King também foram mais uma lembrança de que ela não era responsável pelo pecado do pai.

Uma centelha de alegria surgiu no coração de April quando ela percebeu que poderia ser completamente honesta sobre o passado de sua família. Em vez de viver sob o terror de ver a verdade revelada, sentiu-se livre para compartilhar a própria história de modo apropriado. Naquele dia, Deus surpreendeu April mais uma vez, quando ela olhou para o céu e contemplou um arco-íris que o atravessava de ponta a ponta. Percebeu o regozijo de Deus no ar e sentiu como se os céus estivessem proclamando: "Seja bem-vinda de volta à Virgínia!"

April retornou a tempo de colocar o filho na cama, seu pequeno cavaleiro de armadura cintilante. Era bom estar de novo em casa, e a alegria que havia sentido mais cedo agora permeava cada parte do seu coração e da sua alma.

Naquela noite, ela orou: *Senhor, minha vida esteve tumultuada durante sete anos e fui escrava do passado devastador da minha família. Sei que o Senhor deseja que eu me torne vulnerável, porém autêntica. Eu lhe agradeço por ter curado meu coração despedaçado e também pelo privilégio de ajudar outras pessoas que tiveram começos difíceis em suas vidas. O Senhor está me curando por dentro e eu sinto Sua aceitação, Seu encanto e Sua bênção. Quero refletir Sua alegria na forma de viver minha vida. Quero encontrar o mais profundo deleite ao conhecê-Lo.*

Quatro meses depois, em uma estrada diferente e em companhia do marido e do irmão, a alegria se fez presente mais uma vez. O processo de cura estava acontecendo também no coração dos outros membros da família. Quando compartilhavam suas histórias, outras pessoas tinham sua esperança e sua fé renovadas.

De repente, o marido de April exclamou, apontando pelo para-brisa:

— Olhe ali! Você viu aquilo?

— Não. O que foi? — perguntou April.

— Fogos de artifício! — disse ele, todo empolgado.

April tentou enxergar com atenção, mas *não viu* os fogos. Mesmo assim sorriu, sabendo que curtia uma explosão de novas alegrias em sua vida. Que momento perfeito para fogos de artifício! Ela vivia sob o sorriso da aprovação de Deus. O Senhor tocara sua vida com autenticidade e ela pode sentir, enfim, a satisfação Dele.

*Eis que amas a verdade no íntimo,
e no oculto me fazes conhecer a
sabedoria dentro do coração.*

ADAPTAÇÃO DE SALMOS 51:6

Lembro-me das preces de minha mãe; elas sempre me seguiram e continuarão me acompanhando ao longo de toda a minha vida.[1]

ABRAHAM LINCOLN

## CAPÍTULO 26

# *Sapatos Novos para Amber*

POR JENNIE AFMAN DIMKOFF

Meu marido e eu estávamos casados havia nove anos quando tivemos nossa primeira filha. No momento em que Amber Joy entrou em nossas vidas, com seus cabelos sedosos muito escuros e olhos castanhos, Graydon e eu tínhamos *certeza* de que nenhum outro bebê na face da Terra nascera mais perfeito. Tínhamos passado tanto tempo casados sem ter filhos que todas as pessoas que conhecíamos passaram a nos cobrir de presentes. Eu adorava escolher entre uma infinidade de roupinhas e envolvê-la em colchas de crochê feitas à mão por amigas queridas; curtia em especial os minúsculos sapatinhos que eu gostava de enfileirar em uma prateleira no closet do quarto dela.

Muitas vezes eu ficava com Amber apoiada no ombro, diante do espelho, e observava seu reflexo enquanto dormia. Aconchegava sua cabecinha frágil junto do meu pescoço e pensava: *Quero deixar essa imagem gravada no coração para sempre. Nunca esquecerei o quanto minha bebê é preciosa, nem o quanto é gostoso olhar para ela e segurá-la juntinho de mim.*

Cada nova conquista era devidamente registrada no Livro do Bebê: o primeiro sorriso, a primeira gargalhada, a primeira risadinha disfarçada. Amber Joy engatinhou aos oito meses. Graydon e eu a aplaudimos como se ela fosse uma campeã olímpica! Aos nove, ela já subia as escadas engatinhando atrás do gato, e nesse mesmo mês ficou em pé pela primeira vez. Depois que "descobriu" as pernas, aos 10 meses, mostrou-se determinada a ficar em pé sozinha e começar a desbravar a casa, mas caía o tempo todo. Ao longo dos meses seguintes, ela continuava se desequilibrando, mas eu não me preocupava muito com isso, e atribuía seu caminhar desajeitado à espessura das fraldas que se embolavam entre suas perninhas.

O tempo passou e certo dia, depois do serviço religioso de domingo, minha amiga Phyl, que vinha me ajudando a cuidar das crianças no berçário durante as cerimônias, me chamou em um canto assim que eu entrei para pegar Amber.

— Jennie, quando é sua próxima consulta com o pediatra? — perguntou, toda cautelosa.

— Ainda vai levar algum tempo. Fizemos o checkup de um ano em agosto. Ela está se desenvolvendo muito bem! — respondi, com entusiasmo, embora sentisse, lá no fundo, um leve tremor de inquietação. Estávamos na primeira semana de novembro. — Por que quer saber?

— Amber Joy tem problemas motores, Jennie. — Phyl suspirou. — Comparada às outras crianças da mesma idade, ela não consegue caminhar nem três passos sem cair. Acho que você devia procurar um especialista.

Meus olhos fitaram os da minha amiga e assenti com a cabeça; uma onda de terror quase *me* jogou sentada. Enquanto conversávamos, Amber se ergueu, apoiada em uma caixa de brinquedos, exibiu um sorriso imenso e, depois de dois passos desajeitados, caiu pesadamente no chão, protegida pela fralda descartável.

No dia seguinte, marquei uma consulta com o pediatra, que nos enviou para um ortopedista. Em termos leigos, fomos informados que as pernas de Amber tinham uma curvatura anormal entre os joelhos e os tornozelos. Especialistas nos deram duas opções. Os ossos poderiam ser quebrados e corrigidos por meio de uma cirurgia. A segunda opção era tentarmos algo que levaria muito mais tempo para dar resultados: Amber passaria a usar botas ortopédicas com extensores. O aparelho todo consistia em um cinto largo e reforçado que ficava preso à cintura dela, acoplado a cabos pretos que desciam pelas pernas até as botas propriamente ditas.

A ideia de quebrar as perninhas de Amber nos deixou horrorizados.

— Durante quanto tempo ela terá que usar esse aparelho? — perguntei.

— Vinte e duas horas por dia durante, pelo menos, quatro anos — explicou o médico. — Talvez consigamos dispensar as botas antes de ela entrar no jardim de infância.

A quatro dias do Natal, Amber Joy ganhou as botinhas ortopédicas que ficavam permanentemente presas aos cabos de tração, e durante 22 horas por dia éramos obrigados a conviver com isso. Ela se adaptou à situação mais depressa do que eu. Aquele troço horrível tinha de ser colocado por cima de todas as roupinhas lindas que eu vestia nela. O pior de tudo é que o aparelho fazia minha menininha parecer uma *inválida*. Além do mais, eu sentia *muita* pena de ela não poder usar os lindos sapatinhos que ganhou. Amber usava as horrendas botas ortopédicas *sempre*, com *todas as roupas*. Era impossível fazer com que o couro parecesse novo e brilhante. Eu odiava aquelas botas!

*Sapatos Novos para Amber*   203

Até que um dia recebi um telefonema ao acordar. Uma amiga querida sofrera um aborto espontâneo pela segunda vez e sua dor era devastadora. Subitamente percebi com clareza: Minha filha não estava morrendo por causa de um câncer, nem usava as botas e os cabos por causa de uma leucemia. O aparelho possibilitaria a Amber andar de forma correta, um dia, e naquele momento só me restava buscar o perdão de Deus e me sentir grata pelas botas e pelos cabos.

*Ó Senhor*, orei, *por favor, perdoe toda essa minha insensatez, meu orgulho e minha impaciência. Obrigada por nos dar o maravilhoso presente que é Amber Joy exatamente do jeito que ela é. Obrigada pelos cabos extensores e pela promessa de cura que eles representam. Acredite, estou muito grata, Senhor.*

A cada seis semanas, visitávamos o ortopedista, e a cada consulta eu esperava, ansiosa, por um sinal de que Amber progredia. Mas ele sempre dizia a mesma coisa: "Talvez consigamos tirar o aparelho antes de ela entrar no jardim de infância."

O verão chegou e eu estava determinada a treinar Amber para usar o vaso sanitário antes de ela completar dois anos, em agosto. Entretanto, isso era impossível com uma folga de apenas duas horas por dia sem as botas e os cabos. Quando Amber avisava que tinha vontade de "banheiro", desafivelávamos o aparelho ortopédico e a levávamos correndo, mas… as botas já estavam mais uma vez molhadas. Era desanimador. Com o seu aniversário se aproximando, decidi que se iríamos levar quatro anos para curar suas perninhas, bem que merecíamos pelo menos *quatro horas* por dia sem os cabos: duas pela manhã e duas pela tarde, ao menos para ver se conseguíamos sucesso no treinamento para ir ao banheiro. Eu me sentia culpada, sabendo que tínhamos uma consulta marcada com o pediatra no final do mês de agosto. Ele certamente perceberia a falta de progresso. De qualquer modo, no ritmo que a coisa ia, as botas estragariam antes mesmo de os pezinhos dela crescerem.

Aquele verão não foi desafiador apenas em casa, foi terrível também financeiramente. O trabalho do meu marido como advogado recém-formado era produtivo, mas muitos clientes deixavam de pagar seus honorários dentro do prazo estipulado e o dinheiro andava curto. Sem o emprego em tempo integral que eu tinha no escritório dele, Graydon teve de contratar uma pessoa de fora, e os desafios que surgiram nos mostraram o quanto éramos dependentes da graça do Senhor.

O dia da consulta de Amber, no fim de agosto, amanheceu quente e úmido, e não tínhamos ar-condicionado. Ela tirou uma soneca depois do almoço e eu estava estressadíssima. Havíamos conseguido uma vitória no seu treinamento, mas eu receava o instante em que iria encarar o médico e confessar que havia permitido que ela ficasse duas horas a mais sem o aparelho. A consulta foi marcada para as três da tarde, e agradeci a Deus porque Amber estaria descansada e talvez não reclamasse tanto dos exames. Deixando o assunto de lado por algum tempo, busquei consolo na Bíblia.

Nesse mês, eu estava me dedicando ao Livro do Êxodo e ao estudo da personalidade de Moisés. De repente, uma ânsia me envolveu, eu me coloquei de joelhos e conversei com Deus em voz alta, orando: "Ó Pai! Foram tantas as vezes em que o Senhor mostrou Seu poder a Moisés de forma inequívoca. Anseio pelo dia em que verei Seu poder entrar em ação de forma inequívoca na *minha* vida também!"

*Sapatos Novos para Amber* 205

Depois de dizer essas palavras, eu me sentei no chão e olhei em torno da sala, me sentindo um pouco encabulada. Pensei: *O que espera que Deus ofereça a você, Jennie? Que ele a faça vencer o concurso da casa mais organizada do ano?*

Percebendo que horas eram, fui acordar Amber e a coloquei no carrinho para levá-la à consulta com o ortopedista, no hospital. Na sala de exames, passei pelo ritual já familiar de desafivelar o cinto com os cabos e deixá-la só de camiseta e calcinha, a mesma que substituíra a fralda e que havia nos deixado tão orgulhosos.

Cumprimentando-nos assim que entrou no consultório, o médico ergueu Amber e a colocou sentada na borda da mesa de exames. Segurando cada uma das suas panturrilhas, ele aplicou um pouco de pressão e suavemente torceu as pernas, enquanto ela reclamava e estendia os braços para mim. Odiávamos essa parte do exame. Nesse instante, abri a boca para confessar que a havia deixado duas horas a mais por dia sem o aparelho, para conseguir treiná-la a usar o banheiro, mas ele me interrompeu bem na hora:

— Que coisa interessante — disse o ortopedista. — Sra. Dimkoff, gostaria de ver Amber caminhar por alguns metros no corredor do hospital. Por favor, fique três portas adiante e peça para ela caminhar até a senhora. Enquanto isso, ficarei observando os movimentos dela daqui.

Assim, sem as botas nem os cabos, Amber seguiu alegremente ao longo do corredor, na minha direção.

— Excelente — elogiou o ortopedista. — Agora, quero que ela faça tudo de novo. Vamos trocar de lugar.

Mais uma vez, Amber caminhou pelo corredor sem falhar. De volta ao consultório, o médico examinou os raios X e as pernas mais uma vez. Depois de algum tempo, exclamou:

MILAGRES DO ÁGAPE

— Admirável! A senhora gostaria de comprar um par de calçados novos para Amber?

— Precisaremos comprar um novo par de botas ortopédicas? — perguntei, confusa. Amber já estava mesmo para perder as botas atuais, o que era ótimo, porque elas estavam em um estado lastimável.

— Não. — O médico sorriu. — Na verdade, o progresso da sua filha é algo simplesmente espantoso! Ela *não precisa* mais dos cabos nem das botas. A senhora não prefere comprar um par de tênis para ela aproveitar o fim do verão?

Fiquei tão atônita que mal consegui falar; não só pelo que o médico acabara de dizer, mas porque me lembrei que menos de uma hora antes eu estava de joelhos em casa, pedindo a Deus que me permitisse ver Seu poder em ação na minha vida de forma inequívoca.

Não me lembro do que disse ao doutor, só me recordo de colocar Amber no carrinho, empurrá-lo até a sapataria mais próxima e ir direto até a seção de tênis infantis. Depois, com Amber usando os tênis novinhos em folha e a parafernália ortopédica pendurada na haste do carrinho, segui em júbilo pela rua até o escritório do pai dela, para surpreendê-lo.

Depois que alguns meses se passaram, adorávamos fazer duas perguntas a Amber Joy:

— Ei, gatinha, onde foi que você conseguiu esses olhos castanhos imensos?

Sua resposta era sempre a mesma:

— Meus olhos vieram do meu pai!

— E onde você conseguiu essas lindas pernas retinhas?

Com um sorriso que iluminava o ambiente, ela respondia:

— As pernas eu consegui de Jesus!

Ninguém nunca a corrigiu.

Muitos anos se passaram desde aquele dia memorável, mas o aparelho ortopédico infantil cheio de cabos continua lá pendurado em um gancho em nossa garagem, acompanhado de duas botinhas. Eles são uma lembrança do maravilhoso presente que o Senhor nos deu.

*Clame a mim! Responderei e lhe direi coisas grandiosas e insondáveis que você não conhece.*

LIVRO DE JEREMIAS 33:3

> **Nunca sinta receio de confiar seu futuro
> desconhecido a um Deus conhecido.**[1]
>
> CORRIE TEN BOOM

## CAPÍTULO 27

# *Surpresa em uma Manhã de Domingo*

POR CAROL KENT

O coração de Debbie estava atormentado. Tentara de todas as formas fazer um casamento complicado dar certo, mas já não conseguia arrumar desculpas para a agressividade do marido. A decisão de pedir o divórcio foi uma das mais difíceis de sua vida. Quatro meses antes, enchera a mala do carro com sua bagagem e se mudara para o outro lado do país acompanhada dos filhos, de cinco e oito anos. Levaram pouca coisa, ou seja, somente o essencial: duas malas cheias de roupas e uma terceira com os brinquedos prediletos das crianças. Debbie sabia que precisavam recomeçar a vida não só em um lugar seguro, mas em uma nova cidade.

Encontrar emprego era prioridade absoluta, agora que seria a chefe da família. Não demorou muito para ela ser contratada por uma empresa que oferecia serviços de intérpretes para surdos. Debbie ficou empolgada com a oportunidade. Conhecia bem a linguagem de sinais e adorava interagir com deficientes auditivos. Essa era uma excelente chance de trabalhar com eles diariamente e, ao mesmo tempo,

*Surpresa em uma Manhã de Domingo*   211

promover assistência a quem precisava. Foi, sem dúvida, uma resposta às suas preces ela ter encontrado um trabalho adequado às suas qualificações e que também proveria a subsistência da família.

Depois de algumas semanas no novo emprego, percebeu, certa noite, ao voltar para casa, que o carro fazia uns barulhos estranhos. Logo depois, o escapamento fez um estrondo e o carro morreu. Ela tentou várias vezes religar, mas não pegava de jeito nenhum. Debbie era batalhadora, inteligente e criativa, mas não conhecia nada de mecânica. Mais tarde, informaram que o motor estava com vazamento de óleo e o conserto custaria mais do que o carro valia. Debbie precisava urgentemente de um veículo confiável para chegar ao novo emprego, mas seu salário mal dava para cobrir as despesas do lar. Naquele dia a frustração se transformou em prece: "Ó Deus, não sei a quem recorrer. Meus filhos e eu já enfrentamos tanta dor. O Senhor nos forneceu um lugar para morar e me abriu as portas para um emprego que é muito gratificante em termos profissionais, mas agora eu preciso desesperadamente de um carro que me leve para o trabalho, e não tenho dinheiro. Por favor, me conceda um pouco de sabedoria. Não conheço ninguém que possa me ajudar."

Ao acabar de fazer essa prece improvisada, Debbie enxugou uma lágrima esquiva que lhe escorria pelo rosto. De repente, lembrou-se de ter visto um cartaz de VENDO na janela de um carro estacionado no pátio da igreja no domingo passado. Sua mente se encheu de ideias e planos: *Talvez eu possa fazer faxina para o dono do carro ou algum outro trabalho para pagar em prestações. Sei que não tenho condições de comprá-lo agora, mas talvez a pessoa que tenha colocado o carro à venda esteja disposta a aceitar um plano flexível de pagamento.*

Debbie ligou para o ministro da igreja e lhe falou sobre sua necessidade urgente de um carro. Perguntou se ele sabia quem era o dono daquele que estava à venda. Infelizmente o ministro lhe disse que não fazia a menor ideia de quem poderia ser, mas a incentivou:

— Venha à igreja no domingo. Vou pedir a alguém que pegue você e as crianças em casa.

Quando o domingo chegou, eles se aprontaram e a carona prometida de fato apareceu. Não frequentavam todos juntos a igreja há tempos, mas Debbie já cantava no coral. Depois dos hinos daquela manhã, o ministro subiu ao púlpito para a oração. Mencionou algumas necessidades específicas da congregação e depois, de forma inesperada, citou o nome de Debbie e pediu que ela descesse do coral e se juntasse a ele no púlpito. Pediu também que toda a congregação orasse para que suas preces pela obtenção do tão necessário carro fossem atendidas.

Debbie sentiu uma onda de constrangimento enquanto descia do tablado e seguia para o lugar designado, diante do santuário. De repente, porém, foi invadida por uma sensação de paz e se colocou à vontade ao lado do ministro.

— Eu gostaria de pedir aos nossos diáconos e a toda a comunidade que se juntem a nós nesse momento para orar por Debbie.

De forma elegante e apropriada, ele contou a toda a congregação sobre algumas das batalhas recentes travadas por Debbie; relatou que ela havia conseguido um bom emprego, mas, ainda assim, precisava de um carro com urgência. Depois orou abertamente, pedindo a Deus que suprisse a necessidade dela o mais rápido possível.

Quando o ministro terminou a prece, um homem de cabelos brancos que estava de pé em uma das últimas fileiras do coral veio até eles. Antes mesmo de pronunciar a primeira palavra, colocou uma chave sobre o púlpito e disse:

— Reverendo, enquanto o senhor orava, Deus falou comigo e pediu que eu desse meu carro a Debbie. Minha esposa e eu costumamos vir para a igreja em dois carros, já que gosto de chegar mais cedo. Portanto, Debbie pode levar o carro para casa, agora mesmo. Só peço que ela permita que eu pegue meus tacos de golfe na mala.

Algumas risadas foram ouvidas na congregação, acompanhadas de alguns louvores, *améns* e *aleluias*.

Os olhos dela se encheram de lágrimas, pois percebeu a intercessão surpreendente de Deus. Mais tarde, Debbie relatou:

— Eu não sabia nem mesmo o nome daquele senhor, embora cantássemos juntos no coral da igreja, mas Deus tocou seu coração com minha necessidade e ele deu um passo à frente para oferecer o que tinha. Além de me ofertar esse generoso presente, me permitiu manter a mesma placa do carro e ainda continuou arcando com o seguro até eu ter condições de pagá-lo.

Em meio ao turbilhão que era se mudar para uma nova comunidade, adaptar os filhos a uma escola diferente e lutar para pagar as contas e começar no emprego novo, Debbie vivenciou uma poderosa verdade. Deus sabia de suas necessidades, ouviu seu clamor por ajuda e tocou o coração de um estranho, que lhe forneceu exatamente o que precisava.

*E este mesmo Deus que cuida de mim suprirá todas as vossas necessidades a partir de sua gloriosa riqueza.*

EPÍSTOLA AOS FILIPENSES 4:19

> **Deixe o passado dormir, mas deixe-o dormir
> junto ao peito de Cristo e siga rumo ao
> irresistível futuro ao lado dele.**[1]
>
> OSWALD CHAMBERS

CAPÍTULO 28

# *O Anel*

POR JENNIE AFMAN DIMKOFF

Tanya apareceu, tímida, na reunião do ministério feminino da igreja que ela e o marido Luke frequentavam havia bem pouco tempo. Normalmente ela se considerava uma pessoa extremamente sociável, mas, depois de ter sofrido uma profunda decepção na igreja anterior, não estava disposta a se abrir no novo ambiente; resolveu não se envolver tanto dessa vez. Escolheu uma cadeira nos fundos da sala, manteve-se calada e tentou se misturar às demais sem chamar atenção.

Uma das mulheres da congregação compartilhava uma mensagem bastante significativa naquele dia, e Tanya agradeceu pela sensação de encorajamento que sentiu. Adorou ouvir aquele testemunho e planejou aplicar em sua vida as lições que recebeu. No fim da mensagem, porém, Tanya foi pega totalmente de surpresa quando a mulher exibiu um anel.

Era um anel belíssimo, de ouro puro, com três ametistas lapidadas em formato de diamante montadas lado a lado. A oradora explicou que rezou enquanto preparava os ensinamentos que daria naquela manhã, e Deus colocou em sua cabeça a ideia de levar o anel, pois era seu desejo que ela o

O Anel    217

desse a uma das mulheres que comparecessem à reunião. Ao concluir sua mensagem, ela sorriu e anunciou:

— Tanya, o Senhor quer que eu ofereça este anel a *você*.

Tanya ficou estupefata, e logo seu coração se encheu com uma emoção transbordante. Bem ali em um grupo de mulheres, muitas das quais ela nem mesmo conhecia, Deus resolveu compartilhar um momento memorável e surpreendente entre pai e filha.

— Muito obrigada — agradeceu quase com um sussurro. Esticou a mão, trêmula, e aceitou o anel. *Será que vai caber?*, perguntou a si mesma. Seu coração estava disparado quando ela o deslizou pelo dedo, e então, um segundo depois, teve uma crise de choro convulsivo.

Era como se o anel tivesse sido feito sob encomenda para ela, pois serviu de forma divina. As demais participantes não tinham condições de saber o significado de um momento como aquele para a vida de Tanya, mas ela jamais esqueceria essa experiência enquanto vivesse. Seu Pai Celestial tinha lhe dado de presente um anel de pureza.

Durante a passagem entre a infância e a adolescência, Tanya havia padecido muito nas mãos de uma mãe negligente e viciada em drogas, e também sofrera abusos terríveis nas mãos dos homens que a mãe trazia para dentro de suas vidas. O conceito de um pai amoroso estava além de qualquer coisa que ela pudesse compreender. Em vez disso, tivera apenas vislumbres de anseios e momentos de contemplação, nos quais se permitia imaginar como seria experimentar uma relação adequada entre pai e filha. Um desses devaneios tinha sido o de um pai que a amava verdadeiramente e que a tratava como uma princesa. No ensino médio, Tanya havia conhecido jovens cristãs cujos pais lhes presentearam com anéis lindíssimos, os chamados "anéis de pureza". Mais tarde, quando se casavam, seus maridos os trocavam por alianças. Tanya, secretamente, ansiava por um pai que pudesse ter lhe oferecido, na adolescência, um daqueles anéis lindos que representavam a profunda relação de amor entre pai e filha. Um anel desse tipo, ela imaginava, a faria se sentir especial, amada e pura. Nem é preciso dizer que, devido ao histórico de abusos, tudo isso não passava de um sonho impossível que Tanya simplesmente deixara sufocado no fundo do coração. Ela nunca havia compartilhado nenhum desses sentimentos com mais ninguém. Somente o Senhor conhecia o velho anseio reprimido.

Tanya encontrara o Senhor pela primeira vez ainda adolescente e tinha 19 anos quando conheceu e se casou com Luke, dois anos mais velho.

Tanya o amava profundamente. Luke era um rapaz muito devoto cujo amor incondicional por ela era imenso, tanto quanto sua força. Ele caminhava ao lado da noiva em meio às lembranças terríveis dos traumas que ela havia enfrentado, e isso fazia com que o amasse ainda mais. Devido à sua história, Tanya lutara durante anos para confiar cegamente no homem valoroso que Deus colocara em sua vida. Luke a amava apesar de tudo, e tinha uma paciência infinita quando Tanya lutava com os próprios sentimentos de falta de valor e baixa autoestima.

Entretanto, naquela manhã, quando a mulher que liderava o estudo sobre a Bíblia presenteou Tanya com o maravilhoso anel, dizendo que ele era um presente de Deus, ela não conseguiu se lembrar de nenhum outro momento em que tivesse se sentido tão amada e especial pelo Senhor. O pranto, naquele instante, era a resposta à certeza de que Deus tinha lido a sua alma e realizara um desejo do seu coração de um modo que ela jamais poderia ter previsto ou sequer imaginado. A cura verdadeira havia acabado de começar em sua vida. Anos e anos de expectativas e anseios desapareceram pouco a pouco, e o vazio foi tomado pela cura, que assumiu um lugar em seu coração.

Tanya adorou o anel. Para ela, aquilo representava muito mais do que uma linda joia. O abuso e a vergonha do passado a tinham ofuscado e não permitiram que visse que, graças a Jesus, ela era realmente pura aos olhos de Deus.

Observou o anel com atenção. Ele brilhava em seu dedo e Tanya mal conseguia acreditar que realmente pertencia a ela. De repente, um pensamento surgiu em sua cabeça como uma mensagem especial.

"As pedras roxas têm a cor da *realeza*", pensou consigo, repleta de alegria e encantamento.

Tanya riu alto enquanto as lágrimas continuavam a cair. Ela era uma princesa também! Era a filha do Rei dos Reis!

*Toda boa dádiva e todo dom perfeito vêm do alto, descendo do Pai.*

EVANGELHO DE TIAGO 1:17

Qual a aparência do amor? Ele tem mãos para ajudar o próximo. Tem pés para correr em direção aos pobres e necessitados. Tem olhos para enxergar o sofrimento e a carência. Tem ouvidos para ouvir os suspiros e as aflições dos homens. É assim que o amor é.[1]

SANTO AGOSTINHO

# CAPÍTULO 29

## *Coberta de Amor*

POR CAROL KENT

Stephen e Loidys tinham 18 anos e já esperavam o primeiro filho quando se casaram, em uma cerimônia simples. Os pais de Loidys se mostraram surpresos quando souberam que um bebê estava a caminho, mas ficaram felizes por ela. A família de Stephen, porém, não pareceu nada empolgada. Todos, sem exceção, compareceram ao casamento vestidos de preto. Mais tarde, ao ver as fotos, Loidys pensou consigo mesma: *Se eu não estivesse com um vestido de noiva, qualquer um que visse essas fotos pensaria que elas foram tiradas em um velório.*

Quando Loidys estava com cinco meses de gravidez, ela e Stephen resolveram se mudar para uma região onde houvesse melhores oportunidades. Alugaram uma van para carregar a mudança e foram de Miami para Nova York em pleno mês de fevereiro. Quanto mais para o norte seguiam, mais percebiam que não estavam preparados para enfrentar temperaturas congelantes. Como eram do sul da Flórida, o conceito de frio intenso não existia para eles.

Nevava quando a pequena família finalmente atravessou a fronteira do estado de Nova York, à meia-noite. Como só lhes restavam 100 dólares, parar em um hotel estava totalmente fora de cogitação. O objetivo era conseguirem chegar a uma casa que ficava em Ronkonkoma, Long Island. A residência pertencia à mãe de Stephen. Eles estavam exaustos, mas se mantiveram na estrada até alcançar o destino. Assim que saltaram do carro, viram que a casa estava coberta de neve. Havia uma lareira, e Stephen encontrou uma velha mobília no sótão, que ele desmontou para usar como lenha. Depois de descarregar o colchão da van, os dois adormeceram diante da lareira acesa, mas a temperatura baixou ainda mais e eles acordaram algumas horas depois tremendo de frio.

Pessoas tinham lhes oferecido oportunidades de emprego que não se concretizaram, e em menos de um mês a sogra pediu que deixassem o imóvel. Com dinheiro emprestado para as despesas básicas, alugaram a casa de hóspedes de um morador do lugar, por temporada. Poucos meses depois, foram despejados porque não conseguiam pagar o aluguel.

A avó de Stephen morava no Queens e ele lhe perguntou se ambos, ou pelo menos Loidys, poderiam ficar lá até acharem um lugar para morar. A avó recusou, explicando:

— Eu acabei de comprar estofados novos e não quero ninguém dormindo neles.

Uma semana depois, parentes distantes chegaram da Colômbia, e *eles* foram convidados a dormir nos lindos sofás novos da vovó.

Loidys percebeu que, aos olhos da família de Stephen, ela havia arruinado seu "futuro promissor". Certo dia entreouviu uma das tias de Stephen comentar:

— Aquela garota engravidou de propósito!

224     MILAGRES DO ÁGAPE

Estava óbvio para Loidys que ela não era benquista. A rejeição era grande, profunda e machucava muito.

Foi então que Luz, uma tia-avó de Stephen, ficou com pena deles e os convidou a ficar em sua casa, onde ela também acolhia vários outros parentes. Logo depois, Stephen conseguiu um emprego na logística de um depósito têxtil em Manhattan. Ganhava 168 dólares por semana e ajudava tia Luz a comprar comida. Loidys, a essa altura, já estava para parir, e sentia-se insegura e desprezada. Estava cercada de pessoas, mas se via solitária. A vida era ainda mais difícil nos dias úteis, quando o marido saía para trabalhar.

Ela entrou em trabalho de parto um pouquinho depois da meia-noite do dia 8 de julho. Ela e Stephen tinham ido ao cinema, e, logo que chegaram em casa, a bolsa estourou. O parto foi rápido e Loidys deu à luz uma menina linda às seis da manhã. Seus pensamentos positivos se misturaram com imensas ondas de emoção: *Minha bebê é perfeita e linda. Parece um anjo.*

Eles a batizaram de Stephanie. Alguns parentes de Stephen até foram visitá-los no hospital, entretanto, quase ninguém demonstrou carinho com Loidys; pareceram não aceitar a neném como da família.

Permitiram a Stephen ficar de graça como acompanhante da esposa por uma noite, mas ele teve de voltar ao trabalho logo na manhã seguinte. No dia da alta do hospital, não havia ninguém para pegá-la. Inesperadamente, Amanda, uma colega de Loidys, se ofereceu como voluntária para fornecer transporte à mãe e ao bebê. Loidys aceitou a oferta com gratidão.

Ela sabia que Amanda era uma senhora gentil, muito religiosa, que ia quase sempre à igreja que eles frequentavam e orava muito. Era carinhosa, prestativa e simpática. Loidys não conhecia Amanda muito bem, mas se lembrou de um dia em que a tinha visitado. Loidys havia ficado sentada na cozinha e observou Amanda preparar o almoço, enquanto conversavam. Agora, havia um quê de gentileza e compaixão na forma como essa cristã lhe estendia a mão.

Amanda pegou Loidys e a pequena Stephanie no hospital e as levou para sua própria casa. Assim que Loidys entrou, viu muitas pessoas que não conhecia e que, em uníssono, gritaram: "Surpresa!"

Sem que Loidys soubesse, Amanda havia planejado um chá de bebê para ela. Loidys não acreditou no que seus olhos viram. Com muita alegria, foi percebendo aos poucos o que acontecia ali: *Essas pessoas se reuniram para me trazer presentes! Vieram celebrar o nascimento da minha filhinha!*

Loidys ficou sem palavras e seu coração quase explodiu de alegria e gratidão. Aquelas pessoas maravilhosas a cobriram não só de presentes, mas também de amor. Elas lhe forneceram tudo o que o casal necessitava para cuidar da filhinha recém-nascida. Naquele dia, Loidys foi abençoada com a bondade e o carinho de uma pessoa que percebeu suas carências, convocou amigos em um ato de amor altruísta, e eles cobriram sua vida com aceitação, alegria e celebração.

Quinze anos mais tarde, depois de várias mudanças, a família voltou para Nova York. Agora crescida, Stephanie tinha pedido aos pais uma viagem à cidade onde nascera como presente de aniversário de 15 anos. Stephen e Loidys levaram Stephanie à maternidade na qual ela viera ao mundo e aos lugares onde eles haviam morado. Loidys deu um telefonema, bastante emocionada, para Amanda e lhe agradeceu, mais uma vez, pelo amor pródigo e pela bondade com os quais ela havia recebido uma mãe de primeira viagem que passava não só por um momento de dificuldade, mas de grande carência emocional, espiritual e financeira.

Loidys comentou:

— Eu me sentia tão sozinha e rejeitada! Deus apareceu naquele dia e tocou em mim e em minha filhinha, com sua mão generosa, através da bondade pura de Amanda. Percebi que Ele estava lá e não me senti mais só. Ele me amou e cuidou de mim por meio do coração e das mãos de pessoas que O amavam.

*Amo-te com eterno amor,*
*e por isso a ti estendi o meu favor.*

LIVRO DE JEREMIAS 31:3

As pessoas, por vezes, consideram os próprios pensamentos fugazes e inúteis, mas eles são tão preciosos para Deus que Ele se mantém sempre junto dos Seus filhos, lendo cada um de seus pensamentos.[1]

SARAH YOUNG

## CAPÍTULO 30

# *Fazendo Compras com Deus*

POR JENNIE AFMAN DIMKOFF

Era uma linda manhã californiana, e Michelle Peel, diretora do setor de relacionamento com ex-alunos da Universidade Multnomah, precisava sair para fazer compras. Com um casamento marcado no final de semana, tinha que comprar um vestido novo para a cerimônia. Sabendo que seria muito mais divertido fazer compras com uma amiga, decidiu convidar a irmã gêmea, Danielle, para ir com ela.

— Oi, Nel! Está a fim de ir ao shopping comigo?

— Ih, não posso. — Devido a outros compromissos, Danielle não teria como acompanhar Michelle. — Mas se você quiser comprar um presente pra mim eu vou adorar! — disse, com um perceptível sorriso na voz.

— Vou ver o que posso fazer por você — brincou e deu uma suspirada. O Natal estava chegando e ela sabia que Nel andava namorando uma bolsa Liz Claiborne havia algum tempo. Fez uma anotação mental de procurá-la quando estivesse no shopping.

Michelle se considerava uma mulher independente. Era solteira e ir ao shopping sozinha não a incomodava, contudo, *naquele* dia, ela estava diferente. Sentiu falta de uma companheira de compras. Ao entrar no carro e sair de casa, decidiu, então, convidar Deus para acompanhá-la nesse frenesi consumista, mas logo se deu conta da natureza incomum daquele convite. Deus certamente tinha coisas muito mais importantes programadas para aquele dia. Porém, depois de refletir um pouco, decidiu que *essa* era uma das coisas que ela mais admirava Nele: não importa quantas coisas houvesse em sua "agenda", o Senhor sempre arranjava algum tempinho para ela. Certamente Deus chegaria à conclusão de que não havia nada no mundo que Ele preferisse fazer, a não ser passar a tarde com ela.

Enquanto dirigia, puxou assunto com Deus: *Pai! Preciso encontrar um belo vestido para o casamento da minha amiga. Será que o Senhor poderia me ajudar? Não me sinto muito à vontade, porque sempre me dou mal quando faço compras de última hora. Detesto importuná-Lo com algo tão insignificante, e sei que o Senhor tem preocupações globais muito mais importantes, mas sei também do Seu cuidado com as pequenas coisas.*

Michelle sentiu que Deus lhe respondeu, querendo saber exatamente o que ela procurava. Sua voz não era audível; era um sussurro carinhoso, uma vozinha que Michelle costumava ouvir no fundo da mente sempre que conversava em silêncio com o Pai Celestial. Começou a descrever o vestido que tinha em mente; algo que estivesse na moda, com ar moderno e um toque de originalidade.

*Acho que uma roupa que tenha uma capa elegante que cruze o busto e vá de um ombro a outro seria ótimo. Ah, mas precisa ter um corpete justo, e se também tiver um formato évasé abaixo da cintura, ficaria perfeito. Que cor? Ora, veja! O Senhor não está apenas interessado no estilo, não é mesmo?*

Michelle percebeu que vivenciava um daqueles momentos mágicos de ensinamento, em que o Senhor lhe mostrava que ela poderia sempre confiar Nele, mesmo para as coisas mais simples. Portanto, engolindo em seco, ela lhe disse, agora em voz alta: "Pensei em algo floral, em tons pastéis. Mais uma coisinha: o Senhor sabe que estou com o orçamento apertado e não posso comprar um vestido caro."

Mais uma vez a vozinha interior lhe perguntou: *Quanto pretende gastar?*

"Quarenta dólares", respondeu Michelle. Sabia que seria difícil achar um vestido decente por tão pouco, mas era isso que tinha condições de gastar. Além do mais, foi *Deus* quem perguntou!

Michelle estava a caminho do shopping mais popular da região. Enquanto dirigia, porém, sentiu que Deus mandou que pegasse a próxima saída à direita. Ela ficava várias saídas antes do shopping que Michelle tinha em mente, e não viu razão para sair da estrada tão cedo, mas obedeceu. Reparou em um pequeno *mall*, na verdade um conjunto de lojas a céu aberto, que ela nunca tinha visto, e sentiu que o Senhor mandou que parasse ali. Seu interesse aumentou muito quando ela entrou no estacionamento e viu um cartaz imenso anunciando: BOLSAS LIZ CLAIBORNE COM DESCONTOS DE ATÉ 60%!

"Uau!", murmurou ela. "Pai, o Senhor é surpreendente! Foi esse o motivo da sugestão para que eu parasse aqui." Enquanto entrava na loja de artigos femininos, outros cartazes de liquidação a levaram direto para a seção de bolsas. Ao chegar mais perto, deu de cara com o que procurava: a bolsa Liz Claiborne no modelo *exato* que Danielle tinha namorado no outro shopping, e em azul-marinho, um tom belíssimo. Melhor de tudo: com 60% de desconto!

*Fazendo Compras com Deus*   231

Ao seguir com a bolsa na mão, empolgadíssima, direto para o caixa, Michelle ouviu um sussurro de Deus em sua cabeça: dê uma passadinha na seção de vestidos. Como aquela não era uma loja com a qual estivesse habituada, não percebeu que também vendiam roupas. Assim que se aproximou da primeira arara, ficou chocada ao encontrar o vestido que havia descrito para Deus no carro, minutos antes, enquanto dirigia. Será que Ele a mandara sair da estrada e ir até ali para encontrar o vestido também? Eufórica e sem sequer olhar o preço na etiqueta, pegou o vestido, colocou-o sobre o braço e saiu correndo para a cabine de prova. O caimento era perfeito, como se fosse costurado sob medida! Quando outra cliente do provador ao lado fechou o zíper para ela, Michelle ficou tão, mas tão estarrecida pelo que lhe acontecera que comemorou com muito entusiasmo, exclamando:

— Que momento verdadeiramente... divino! Esse vestido é exatamente como eu imaginei e descrevi para Deus agora há pouco!

Talvez a outra cliente tenha se assustado com todo o seu entusiasmo, mas Michelle não se aguentou. O Senhor havia atendido à sua prece e ela *precisava* dividir com alguém essa experiência.

Com seus tesouros na mão, Michelle foi finalmente para o caixa. Estava tão empolgada por ter achado não só a bendita bolsa, mas também o vestido perfeito no padrão que queria e exatamente no seu tamanho que nem sequer pensou em verificar o preço. Nesse instante, ao olhar para a etiqueta, um sorriso imenso lhe iluminou o rosto. Deus não esquecera de nenhum detalhe. O vestido custava... US$ 39.99.

Michelle sentiu uma alegria imensa por ter convidado Deus para fazer compras com ela naquela tarde. Ele, por sua vez, a abençoara em abundância, providenciando muito mais do que ela havia esperado para aquele dia!

*Deleita-te também no Senhor e ele te concederá os desejos do teu coração.*

SALMOS 37:4

> A fé não é um abrigo no qual os homens podem buscar refúgio na hora das tormentas da vida. Em vez disso, a fé deve ser uma força interior que lhes dá coragem para enfrentar essas tormentas com serenidade de espírito.[1]
>
> SAM J. ERVIN JR.

## CAPÍTULO 31

# *Um Viajante Sinistro*

POR CAROL KENT

Cynthia lutava contra o medo o tempo todo. Detestava chegar sozinha em casa à noite, e ruídos estranhos no meio da madrugada a deixavam apavorada. Sua maior fobia, porém, aquela que a paralisava de terror, era o medo de morrer em um acidente de avião.

Isso somado à sua criativa imaginação faziam um estrago considerável na cabeça de Cynthia, especialmente quando viajar de avião era inevitável. Muitas vezes ela dispensava viagens a trabalho totalmente pagas, quando precisava chegar ao destino por via aérea. À medida que seus filhos foram crescendo e se mudaram para cidades distantes, era inevitável enfrentar uma viagem de avião de vez em quando.

Logo depois dos atentados de 11 de Setembro, Cynthia estava para enfrentar um desses terríveis voos, mas mostrou-se disposta a encarar todos os seus medos a fim de passar algum tempo com o filho, na Costa Oeste. À esquerda do balcão de check-in do aeroporto, ela viu um rapaz que usava turbante e se mantinha um pouco afastado das filas de passageiros que despachavam malas e pegavam o cartão de embarque. Mas, ao observá-lo melhor, Cynthia notou que levava uma mochila nas costas e olhava sem parar para o relógio de pulso. A ansiedade entranhada em Cynthia há mais de três semanas entrou em alerta vermelho. Em silêncio, mas desesperada, ela orou bem baixinho: *Por favor, Senhor, faça com que aquele homem não esteja no mesmo voo que eu.*

A filha de Cynthia havia sugerido que ela tomasse algum ansiolítico para relaxar. Não gostava de tomar remédios, mas seguiu o conselho da filha. Rapidamente engoliu um comprimido, torcendo para que aquilo ajudasse a acalmar sua taquicardia, mas no fundo sentiu que estava prestes a entrar em pânico total.

Depois de completar o check-in e de guardar o cartão de embarque com cuidado na bagagem de mão, abraçou o marido com mais força do que o normal. Eles se despediram longamente com carinho e trocaram um beijo choroso. Enquanto esperava passar pelo sistema de segurança, tirou o casaco, descalçou os sapatos e colocou a bagagem de mão na esteira de raios X. Olhando em frente, na mesma hora viu o homem de turbante. Ele estava na fila ao lado, um pouco à frente dela.

Cynthia orou: *Senhor, por favor, faça com que a mochila desse homem ative o alarme. Oriente os seguranças, para que eles vejam a ameaça que ele pode representar para a aeronave.*

Cynthia começou a tirar as coisas que trazia na bolsa de mão marrom, para a inspeção, mas mantinha-se atenta ao sujeito que a essa altura já passava pela segurança. Subitamente o alarme disparou e ela teve certeza de que o pessoal do controle tinha agarrado o homem com algo suspeito. Para seu desânimo, porém, ele já tinha passado pelo detector, e eram os *seus* próprios objetos de metal que haviam acionado o alarme.

Ela esperou, impaciente, que os agentes de segurança acabassem de vasculhar seus pertences. Depois de liberada, tornou a calçar os sapatos e recolocou os objetos na bolsa. Por fim, seguiu o fluxo; ainda faltava uma hora para a decolagem.

Quando Cynthia chegou ao portão de embarque, para seu horror, viu que o tal homem de turbante aguardava o mesmo voo que ela. Nervosa, observou-o atentamente; ele se sentou sozinho, olhando para a pista, e continuou a consultar o relógio de pulso o tempo todo, como havia feito antes. De repente ele se levantou e Cynthia se posicionou melhor para poder ver aonde ele ia e com quem pretendia se encontrar. O homem rapidamente entrou no banheiro, mas logo voltou para a poltrona que ocupava. Cynthia rezou, pedindo para que alguém da segurança aparecesse e o retirasse do meio dos passageiros que esperavam o voo.

Quando começou a chamada para o embarque, decidiu que seria uma das últimas a entrar no avião. Seus olhos continuavam fixos no homem de turbante, e ela viu o instante exato em que ele entregou o cartão de embarque à sorridente aeromoça e entrou na aeronave. *Ó Deus, por favor, não, não! Não acredito que seja isso que o Senhor preparou para mim*, pensou. O medo tomou conta de Cynthia por completo, prejudicando sua capacidade de raciocinar.

A última chamada para o embarque foi ouvida pelos alto-falantes, e Cynthia seguiu quase obrigada na direção do finger, mas certa de que seu filho estaria no portão de desembarque ao fim daquele voo terrível. O "comprimido milagroso" que ela tomara mais cedo não diminuíra nem um pouco a sua ansiedade. Na porta do avião, entregou o cartão de embarque à aeromoça e, com os olhos cheios de lágrimas, pediu ajuda para encontrar o seu lugar. Ao chegar à fileira indicada, ficou atônita ao ver que o homem de turbante já estava no assento da janela. Ele viajaria bem ao lado dela!

Tentando planejar com rapidez, Cynthia resolveu colocar a bolsa no chão, em vez de usar o compartimento que ficava sobre os bancos. *Talvez eu precise bloquear a passagem, caso ele se torne ameaçador e tente se levantar*, pensou.

Sentando-se em silêncio absoluto, em um estado de submissão lacrimosa diante daquela situação, Cynthia começou a achar que talvez Deus tivesse programado aquele lugar especialmente para ela por algum propósito específico. Do nada, se pegou mentalizando a mesma oração que Maria fez quando o anjo Gabriel lhe deu uma surpreendente notícia: "Faça-se em mim segundo a Tua palavra."[2] Silenciosamente, Cynthia continuou: *Senhor, use-me de qualquer forma que o Senhor queira. Estarei disponível para o Seu coração, Suas mãos, Seus ouvidos e Sua boca durante todo este voo.*

Quando se tornou óbvio para Cynthia que a presença do seu inesperado companheiro de viagem tinha a ver com um plano muito maior do que ela havia previsto, começou a orar novamente: *Deus, estou lhe entregando todos os meus medos. Reconheço que o Senhor é totalmente soberano sobre todos os detalhes das nossas vidas. Aqui estou, ao Seu dispor.*

Subitamente, experimentou uma inesperada sensação de calma. Seu companheiro de viagem estava devidamente acomodado e olhava para fora da janela, mas de vez em quando voltava a consultar o relógio. De novo, Cynthia se perguntou o porquê daquela obsessão pelas horas. Por um momento, tornou a sentir medo.

*Será que algo precisa acontecer em um determinado instante para que seu plano terrorista tenha início no momento certo?*

238              MILAGRES DO ÁGAPE

Logo em seguida, porém, Cynthia se inclinou na direção do companheiro de voo e perguntou:

— Você prefere ficar o voo todo em silêncio ou gosta de conversar?

*Agora, Senhor, a bola está Contigo*, pensou.

A resposta imediata e sincera do rapaz a pegou de surpresa. Olhando para ela, ele respondeu:

— Conversar? Lógico!

Com a porta aberta, ela começou com perguntas simples:

— *Fale-me um pouco de você. De que cidade vem?*

— *Sua família mora na região de Spokane?*

— *Qual é o significado do seu turbante?*


O rapaz respondeu educadamente a todo aquele interrogatório, e lhe contou a história de sua viagem da Índia para os Estados Unidos. Cynthia soube que tinha vinte e poucos anos e fora criado em uma família que seguia a religião sique, que engloba conceitos do hinduísmo e prega a salvação por meio da disciplina e da meditação, em nome da mensagem de Deus. Havia imigrado em busca de um bom emprego. Nenhum outro membro de sua família estava em território americano. Confessou que se sentia muito sozinho em uma terra estranha, cheia de pessoas que quase sempre o tratavam com alienação, desconfiança e preconceito. Resolvera mudar-se para os Estados Unidos em pleno caos pós-11 de Setembro, e percebia, diariamente, o nível de ansiedade e medo estampado no rosto das pessoas. Com tristeza, Cynthia concluiu que ela mesma fora uma dessas norte-americanas preconceituosas que o tinham julgado tão mal.

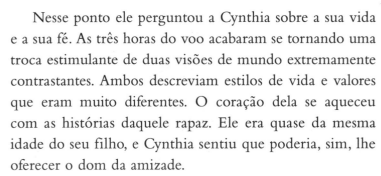

Nesse ponto ele perguntou a Cynthia sobre a sua vida e a sua fé. As três horas do voo acabaram se tornando uma troca estimulante de duas visões de mundo extremamente contrastantes. Ambos descreviam estilos de vida e valores que eram muito diferentes. O coração dela se aqueceu com as histórias daquele rapaz. Ele era quase da mesma idade do seu filho, e Cynthia sentiu que poderia, sim, lhe oferecer o dom da amizade.

O voo terminou muito depressa e, ao desembarcarem, ela deu ao rapaz um livro que explicava melhor o cristianismo bíblico. O rapaz parecia ser um aprendiz interessado, e onde ele iria morar ficava bem perto da casa do filho de Cynthia. Ela o convidou para o jantar de família no Dia de Ação de Graças. Ele era muito tímido e não apareceu, mas foi visitá-los no dia seguinte.

Naquela viagem, Cynthia aprendeu algo novo sobre si mesma, e também algo admirável a respeito de Deus. Ela permitira que uma nuvem de medo encobrisse sua visão e que o preconceito tomasse conta do seu juízo.

Graças a essa experiência, porém, sentiu-se finalmente livre para abraçar a serenidade que só sentimos quando repousamos em Deus, sabendo que Ele tem um plano muito maior e para além do que podemos ver. Ao longo dos últimos oito anos, uma amizade que teve início em um voo de avião que durou três horas continuou a se desenvolver, graças a uma constante troca entre os compromissos da religião indiana do jovem e a fé cristã de Cynthia e de sua família.

*Não temas, porque eu estou contigo; não sintas anseios, porque eu sou teu Deus; Eu te fortaleço e certamente irei te ajudar e amparar com a minha mão direita, da justiça.*

ISAÍAS 41:10

> Quando levamos a luz do sol para a vida das pessoas, nós também nos aquecemos. Sempre que espalhamos um pouco de felicidade, ela respinga em nós.[1]
>
> BARBARA JOHNSON

# CAPÍTULO 32

## *A Favorita*

POR JENNIE AFMAN DIMKOFF

Faltavam dois dias para o Natal, mas mesmo com os afazeres das festas de fim de ano e ter de enfrentar mais de uma hora de estrada, eu não perderia o velório de minha tia favorita por nada neste mundo. Tia Deal tinha 92 anos quando faleceu. O último velório de alguém idoso ao qual eu tinha comparecido recebera pouquíssimas pessoas, porque quase todos os amigos e familiares já tinham morrido, mas não foi esse o caso da despedida de tia Deal. O lugar estava *lotado* e as pessoas se acotovelavam, encostando-se ao fundo da capela e ao longo das paredes. Com festas de fim de ano ou não, aquelas pessoas queriam, de alguma forma, prestar uma última homenagem à tia Deal.

Minha mãe tinha 10 irmãos, e isso significava que eu tinha muitas tias. Todas eram maravilhosas, mas era tia Deal que *nunca* se esquecia do meu aniversário. (Para ser franca, era a única tia que se lembrava.) Naquele tempo, quando a fada do dente pagava uma moedinha de cinco centavos para cada dente que caía das crianças, tia Deal colocava uma moeda de 25 centavos dentro de um lindo cartão de aniversário. Eu pegava o cartão na caixa de correio e, antes de abri-lo, gostava de sentir a moedona balançar de um lado para outro. Eu amava muito a minha tia, que nunca se esquecia da data. Ela escrevia "Feliz Aniversário, Jennie Beth! Com amor, tia Deal. BEIJOS e ABRAÇOS", e eu conseguia de fato senti-los, apesar dos muitos quilômetros que nos separavam. Quando eu fiz 10 anos, ela começou a me mandar *duas* moedas de 25 centavos, e os envelopes seguiram chegando, até que eu me formei no ensino médio e fui para a faculdade. (Quando ela completou 80 anos, eu escrevi uma carta e lhe disse o quanto aqueles cartões com moedas eram importantes para mim; enchi o envelope de belos selos e pequenos e delicados adesivos. Quis mandar diretamente *para ela*, e dentro de um cartão, um beijo imenso, para variar!)

Tia Deal e tio Jack tiveram dois filhos e duas filhas. Dolly e Jean eram as minhas primas mais bonitas. Eu me lembro de pensar sempre que elas duas eram as garotas mais glamorosas que eu já tinha visto! O melhor de tudo é que elas também eram *legais*. Simpaticíssimas e amorosas sempre que vinham nos visitar. Tão graciosas e lindas quanto a mãe delas, e não pareciam se importar por eu ser a sobrinha favorita e receber atenção especial. Entretanto, à medida que fui crescendo, percebi que todas as minhas irmãs e várias das minhas outras primas *também* se consideravam as sobrinhas favoritas de tia Deal! A princípio, fiquei com um pouco de ciúme; ao longo do tempo, porém, entendi que tia Deal tinha amor suficiente no coração para compartilhar com todas nós.

Assim que entrei na capela naquela tarde de dezembro, a primeira coisa que eu reparei foi que todas as filhas, noras e muitas netas e netos de tia Deal estavam vestidos de vermelho, sua cor favorita.

## MILAGRES DO ÁGAPE

Não estavam ali para demonstrar luto pelo falecimento. Foram, na verdade, celebrar a vida dela e a sua ida para o céu! A mensagem do ministro foi linda, mas o que realmente tornou aquela cerimônia maravilhosa foi quando seus filhos e netos se levantaram, um de cada vez, e compartilharam ensinamentos que haviam aprendido com ela ou lindas recordações. Abaixo algumas delas:

- *As pessoas são mais importantes do que as coisas ou os compromissos.*
- *Conhecer e amar a Deus é a decisão mais importante que uma pessoa pode tomar na vida.*
- *Sempre há tempo para parar e apreciar uma boa xícara de café (cookies com amêndoas são o melhor acompanhamento).*
- *O lugar ao lado de tia Deal, na igreja, era o mais cobiçado de todos (um dos motivos é que ela trazia um interminável suprimento de doces na bolsa, algo que tornava mais fácil enfrentar os longos sermões de domingo).*
- *Sapatos de salto alto faziam com que as pernas de qualquer garotinha ficassem mais femininas, e o closet de tia Deal tinha um monte de sapatos altíssimos, em todos os modelos e cores, para as meninas usarem enquanto desfilavam pela casa (e o armário que ficava no fundo do corredor tinha um casaco de visom e uma estola, que estavam disponíveis para acrescentar um "toque" especial às festinhas que as meninas promoviam).*
- *A família sempre lhe levava gerânios vermelhos no Natal porque essas eram suas flores favoritas; de algum modo, ao longo do inverno e até o clima esquentar, ela conseguia conservar com todo o carinho os gerânios; quando o tempo esquentava, eles estavam lindos e prontos para serem plantados no jardim.*

Depois que os filhos e netos falaram, outras pessoas se levantaram para fazer elogios e contar casos sobre tia Deal. Eu, como sou muito chorona, não parei de derramar lágrimas, mas adorei cada minuto da cerimônia. Tive vontade de me levantar também e contar a todo mundo o quanto os cartões de aniversário que ela mandava para mim significaram ao longo dos anos, mas havia tanta gente para compartilhar lindas lembranças que eu me limitei a ouvir. De repente me ocorreu, enquanto estava ali sentada, que eu não era a única pessoa na capela que considerava tia Deal a sua tia ou avó favorita, vizinha ou amiga predileta. Tia Deal tinha sido uma pessoa especial na vida de muita gente.

O que a tornava alguém assim tão especial? Depois de ficar viúva aos 52 anos, tia Deal poderia ter se tornado uma mulher amarga, frustrada com a vida, ou simplesmente se sentir ocupada demais com os afazeres diários para tirar um tempinho e dedicá-lo todo a mim, ou a qualquer outra pessoa, mas esse nunca foi o caso. Ela amava e servia a Deus, e sempre arrumava tempo para filhos, netos e amigos. Resolveu trabalhar em uma rádio local onde ministrava aulas sobre a Bíblia. Trabalhou nesse lindo ministério internacional até se aposentar, aos 70 anos. Mantinha um brilho todo especial nos olhos e muito amor no coração para compartilhar.

Meu último encontro com tia Deal foi durante uma grandiosa reunião de família. Provavelmente eu estava mais gorda do que jamais havia estado em toda a minha vida, e lutei comigo mesma por algum tempo sobre a roupa mais adequada para aquele dia. Em uma tentativa de usar algo que me fizesse parecer mais magra, acabei decidindo por calças na altura dos tornozelos e uma jaqueta bem-talhada. Assim que cheguei, tia Deal abriu os braços e, me beijando no rosto, exclamou:

— Oh, Jennie, você é a coisinha mais fofa que eu já vi! Estou muito feliz por você ter vindo, querida!

Ela estava com 91 anos e eu já era uma cinquentona. De qualquer modo, acima do peso ou não, eu me senti lindíssima ao ser abraçada com tanto amor por tia Deal! Ela cultivava o dom de me fazer sentir especial. Deus usou tia Deal durante toda a minha vida para me abençoar com um bilhete em um cartão ou me dizer uma palavra de incentivo. Ela me surpreendeu diversas vezes ao aparecer de surpresa em minhas palestras. Sentava-se ao meu lado em reuniões, segurava minha mão e me perguntava sobre os projetos que eu desenvolvia. De muitas outras maneiras, ao longo de todo o tempo em que convivemos, ela foi o toque especial e positivo de Deus na minha vida. Às vezes, eu me pergunto se tia Deal tinha consciência do modelo de pessoa que ela representava.

Há alguns anos, tomei uma decisão: vou *me tornar* a tia favorita de minhas sobrinhas e de meus sobrinhos! Sabia que encontraria boas competidoras nessa empreitada, porque minhas irmãs são todas maravilhosas. O fato, porém, é que eu queria virar uma "tia Deal" e ser uma bênção na vida dos meus sobrinhos como ela fora na minha. Descobri que isso exige um grande investimento de tempo, mas as recompensas são grandes. Sempre que meus sobrinhos adultos apareciam na hora do almoço ou precisavam de um lugar para passar o fim de semana, sabiam que seriam bem-vindos na minha casa, e todas as segundas-feiras, quando minha irmã, Joy, trazia suas três pequenas para a aula de piano (a professora era minha vizinha), elas ficavam comigo até a hora da aula. Nos divertíamos muito!

Ao longo dos anos, aprendi que dar presentes não era a fórmula perfeita para ser a tia favorita de meus sobrinhos e sobrinhas. Em vez disso, era fundamental:

- *Amá-los de forma incondicional.*
- *Orar por eles com muita fé.*
- *Ouvir o que têm a dizer.*
- *Enviar-lhes, de vez em quando, um cartão com um bilhete (o correio tradicional, bem mais lento, é quase uma bênção hoje em dia).*
- *Parar tudo que está fazendo para brincar com eles sempre que estamos juntos.*
- *Lembrar dos aniversários.*
- *Abrir minha casa para jantares e bate-papos, quando eles estiverem crescendo.*

A verdade é que minhas irmãs são tão maravilhosas que percebi que vai ser muito doloroso para elas se nossas sobrinhas e sobrinhos derem o título de tia favorita a mim (que pena!). Só espero que eles leiam esta história e mantenham o segredo para si mesmos, até o dia em que tornarão pública sua preferência ao aparecerem usando vermelho no meu velório!

*Jesus, porém, disse: Deixai vir a mim as criancinhas e não as impeçais, porque o reino dos céus é para aqueles que se parecem com elas.*

MATEUS 19:14

> **Quando Deus Se envolve em uma situação,
> tudo pode acontecer.
> Mostre-se aberto e permaneça assim.**[1]
>
> CHARLES SWINDOLL

# CAPÍTULO 33

# *A Longa Estrada para Casa*

POR CAROL KENT

Stephanie tinha um novo emprego que exigia dela uma longa viagem. Nos dias úteis, morava em um pequeno conjugado em Atlanta, mas todo final de semana empreendia a tediosa viagem de cinco horas até sua casa em Jacksonville, na Flórida. Já conhecia a longa estrada como a palma da mão.

Uma sexta-feira à tarde, enquanto voltava do trabalho para casa, Stephanie se viu refletindo sobre a mais recente lição do seu grupo feminino de estudos sobre a Bíblia. O tema era encontrar algum contentamento no dia a dia, esperar sempre uma surpresa de Deus e se entregar à Sua orientação. Só que nesse dia Stephanie estava se sentindo em um buraco negro de desânimo tão profundo que beirava a depressão.

Vivia muito sozinha, depois de deixar o emprego anterior, que era gratificante e lhe permitia muita interação com clientes e colegas em eventos sociais. Já o novo emprego lhe dava uma terrível sensação de isolamento. Quando Stephanie tomou a decisão de largar o antigo emprego, acreditava que Deus a inspirara a sair de lá, mas agora o arrependimento e a solidão tinham substituído a confiança inicial. Ela sentia muita falta, em especial, dos grandes encontros nacionais entre os representantes comerciais, e aquela tarde específica de viagem de volta para a Flórida ainda foi mais penosa porque seus antigos colegas estavam, naquele mesmo dia, em um dos maiores eventos de vendas do ano.

Dirigindo pela estrada, ela clamou a Deus: *Por que estou aqui, Senhor? Não gosto de me sentir sozinha! Por que o Senhor permitiu que eu largasse aquele emprego e aceitasse esse? Gostaria de receber um sinal de ter tomado a decisão certa.*

Nesse instante, prestou atenção à letra do CD da banda Third Day que ouvia no carro. Eles falavam de uma luz no fim do túnel e cantavam, no refrão: "Você tem tanta coisa pela qual viver!"

*Sim, vai sonhando*, pensou. *Não me parece que eu esteja vivendo por nada que valha a pena no momento.* Stephanie sabia que aquela seria uma longa viagem para casa e precisava se distrair pensando em outra coisa. Lágrimas surgiram em seus olhos e escorreram pelo rosto. Ao olhar para fora do carro, reparou em um cão imenso. Parecia ser uma mistura de pit bull com rottweiler. Com ele estava um caroneiro que caminhava no acostamento, vestindo uniforme militar.

Cerca de um quilômetro depois, Stephanie ouviu um som muito familiar: *tump, tump, tump.* O ruído combinou com seu astral. Revirou os olhos e pensou: *De novo não! É meu terceiro pneu furado só este ano! Dá um tempo!* Levando o utilitário para o acostamento, deu início ao já familiar processo de pegar o estepe, posicionar o macaco debaixo do carro, erguer e se preparar para a troca. Mas logo o soldado caroneiro se aproximou do carro e ofereceu ajuda. Juntos, o trabalho foi bem mais fácil.

Stephanie pediu que ele contasse sua história. Ele disse que não conseguia mais carona nos caminhões por causa das novas leis de segurança, e nos ônibus o cão não era permitido. Ele vinha a pé desde Nashville, cidade onde seu carro tinha quebrado de vez. Ia para Miami, onde um conhecido lhe prometera emprego.

Uma sombra de medo pairou sobre Stephanie enquanto ela ponderava consigo mesma sobre o que fazer. Ainda estava de tarde, mas ela sabia o quanto era perigoso dar carona a estranhos na estrada. O rapaz tinha ajudado a trocar o pneu, mas ela não sabia quase nada sobre ele. Além do mais, o cão era grande e potencialmente agressivo.

Com muita hesitação e preces silenciosas, ela acabou oferecendo carona à dupla. Dozer, o mais peludo do estranho par, subiu no banco de trás, enquanto o rapaz se acomodava no banco do carona. Segundos depois, Dozer começou a dar lambidas entusiasmadas na nuca de Stephanie. Ela não resistiu e começou a rir diante de tamanha demonstração de afeto. Seu astral depressivo começou a mudar.

Mesmo assim, continuou insegura ao lembrar que tinha oferecido carona a um completo estranho. Assim que ligou o carro, o CD que ouvia antes voltou a tocar sozinho. Foi nesse momento que o rapaz de farda comentou, entusiasmado:

— Eu adoro Third Day! A música deles me levanta o astral... e, claro, sua gentileza também, com a carona. Dozer e eu estamos dormindo há alguns dias debaixo de pontes ou nos bosques. Você foi como uma bênção para nós!

Stephanie o ouvia com atenção enquanto passava por vários carros da polícia ao longo da rodovia. Acreditava estar fazendo a coisa certa e pensou em deixá-lo na próxima cidade. Nesse momento e ao mesmo tempo, eles viram um cartaz imenso que dizia, em letras garrafais: ESTE É UM SINAL DE DEUS.

O jovem soldado pensou em voz alta: "Viu só? Estava escrito que o pneu iria furar e que ela me daria uma carona!"

Eles riram e continuaram a conversar por mais duas horas, parando só uma vez para comer alguma coisa. O rapaz falou da família e contou que tinha sido ferido. Stephanie ouviu que, por causa desse ferimento, ele estava voltando para casa depois de servir na Guerra do Iraque; soube que sua esposa o abandonara, levando os dois filhos e o carro, deixando para ele o velho que havia quebrado em Nashville.

Ela não tinha certeza sobre onde seria melhor deixá-lo. O sol começava a se pôr, e sabia que logo seria noite. Ao se aproximar da divisa com o estado da Flórida, começou a orar em silêncio: *Por favor, Senhor, faça com que apareça um hotel na próxima entrada, e que ele aceite cães. Me ilumine sobre o que fazer.*

Saiu da estrada no último retorno antes do entroncamento que a levaria para o leste, rumo à sua cidade. Para o rapaz, que seguia para Miami, aquele era o local ideal onde deveriam se separar.

Enquanto ele retirava a mochila do banco de trás, Dozer saltou do carro. Stephanie entrou no saguão do hotelzinho diante do qual havia estacionado e perguntou se aceitavam cães. Para sua surpresa, a atendente disse que sim. Ela abriu a bolsa e viu quanto tinha de dinheiro. Dava um total de 75 dólares.

— Quanto é a diária? — perguntou.

A atendente parou e começou a fazer contas de cabeça, olhando para o teto, e finalmente disse:

— Bem... Com as taxas e o pagamento extra pelo cão, a diária ficaria em 75 dólares.

Sentindo o toque de Deus nesse improvável encontro, Stephanie imediatamente pagou a moça.

Ao sair, entregou ao novo amigo a chave do quarto, onde ele poderia tomar uma ducha e ter uma boa noite de sono, e lhe garantiu que Dozer também era bem-vindo. O soldado demonstrou surpresa diante de um gesto tão gentil. No momento da despedida, os dois começaram a chorar. Depois de agradecer muito, ele a alertou:

— Stephanie, por favor, nunca mais dê carona a um estranho. Tem um monte de gente maluca por aí!

Ela prometeu seguir o conselho.

Saindo do hotel e pegando o retorno de volta à estrada, Stephanie percebeu que Deus havia enviado um estranho e seu cão em um fim de tarde muito especial, no momento certo em que ela precisava ser lembrada de que não estava sozinha, e que Ele tinha um propósito e um plano específicos para tudo que estava acontecendo em sua vida.

As lambidas carinhosas de Dozer e a companhia encorajadora do seu dono mudaram completamente aquela jornada para casa, e a fizeram analisar sob nova perspectiva a fase difícil da sua vida.

Naquela noite, ela se lembrou de algo muito importante: quando Deus parece ausente é quando Ele está mais presente, e sempre traz alegrias renovadas aos nossos corações quando seguimos Sua orientação.

*Por que estás assim tão triste,
ó minha alma? Por que estás assim
tão perturbada dentro de mim?
Põe tua esperança e fixa teus olhos em Deus,
pois em breve tornarás a louvá-lo;
ele coloca sorrisos no teu rosto,
é o teu Salvador e o teu Deus.*

ADAPTAÇÃO DE SALMOS 43:5

Pense de forma otimista a respeito de si mesmo
e do seu futuro. Agradeça Àquele que lhe deu
tudo e traga em sua alma a certeza de que Ele
pretende lhe dar muito mais.

Autor desconhecido

CAPÍTULO 34

# *Abençoados em Plena Sorveteria*

POR JENNIE AFMAN DIMKOFF

— Como vai o seu livro, Jennie? — quis saber Shirley, ao telefone. — Apareceu alguma história nova hoje? Eu adorei aquela última, sobre quando seus pais queriam vender a casa. Deus realmente *trabalha* no ramo dos milagres, não é?

Shirley é uma das amigas mais divertidas que eu tenho. Trabalha para o meu cunhado, que também é meu agente para compromissos e palestras ligados aos livros que escrevo. A voz alegre e jovial de Shirley e sua risada contagiante sempre trazem um sorriso ao meu rosto.

Ali, mais um vez, eu me peguei rindo.

— Shirley, já que você e seu marido trabalham no ministério religioso há tantos anos, imagino que *você* é que deve conhecer alguma maravilhosa história do tipo "momento especial de Deus" que eu possa usar no meu novo livro. Não tem nenhuma dessas *pra mim*?

Shirley ficou calada por um momento, talvez pensativa, até que, por fim, replicou:

— Vou te contar então um milagre gigantesco que Deus operou na minha vida, Jennie. — Hesitou por um instante,

*Abençoados em Plena Sorveteria*  259

mas logo completou: — Não é uma história fácil, mas a verdade é que eu gostaria de compartilhá-la com alguém há muito tempo.

— Então vamos lá? Tem um bom título para ela?

— Deixa eu ver... — Deu uma risadinha. — "Chega de Prozac." E o subtítulo pode ser: "O presente antidepressivo!"

— O quê?!? — Eu quase engasguei.

— *Brincadeirinhaaa*. Você vai encontrar um título muito melhor — garantiu-me ela.

Shirley havia aceitado Deus em seu coração aos nove anos. Desde então tinha sido boa aluna e uma grande empreendedora. Quando ficou mais velha, se formou em secretariado. Qualquer pessoa que a conhecesse a descreveria como "confiável, capaz e trabalhadora". Ela era uma perfeccionista, e achava que era seu dever cristão atender às necessidades de todas as pessoas. Preenchia cada espaço da agenda, sabendo que as coisas boas com as quais se ocupava a tornavam uma pessoa melhor; por outro lado, achava que dizer "não" a alguém traria a desaprovação imediata de Deus.

Ela se casou com Stan, um ministro religioso, e enfrentou a provação da infertilidade logo no início do casamento, mas eles foram abençoados ao adotar duas crianças. Deus os convocou para ficar à frente de uma igreja maravilhosa e um ministério gratificante. Quando os filhos eram pequenos, Shirley trabalhou em uma série de empregos de meio expediente, pois acreditava que o futuro financeiro da família dependia da sua contribuição pessoal.

— Jennie, foi durante essa época que várias coisas tristes aconteceram ao mesmo tempo — continuou ela. — Minha sogra travava uma batalha contra um câncer de pâncreas; meu pai faleceu inesperadamente; tivemos de lidar com a rebeldia de um dos nossos filhos e o divórcio do outro, que tinha combatido na Guerra do Golfo. Foi uma fase terrível, mas claro, com a ajuda de Deus, conseguimos superar tudo.

Tentando deixar todos esses momentos pesados para trás, Shirley assumiu um cargo em tempo integral, com um bom salário e muitos benefícios. Entretanto, pela primeira vez em sua vida, descobriu que, por mais que tentasse, parecia incapaz de atender às demandas do grupo que secretariava. Trabalhava em um ambiente tóxico e a atmosfera era pesada, excesso de politicagem suja e muitas fraudes, enquanto os funcionários manobravam o tempo todo para alcançar posições de comando.

Shirley suspirou profundamente, antes de continuar:

— Tentando sempre agradar aos outros, eu me tornei viciada em trabalho. As dores de cabeça e a exaustão me impediam de participar de muitas das atividades da igreja. Como esposa de um ministro religioso você pode imaginar o quanto eu sofria com a culpa dessa situação. Tudo isso só fazia aumentar a minha ansiedade!

— O que aconteceu então? — perguntei.

— Comecei a ter ataques de pânico e chorava sem parar, de forma incontrolável. Tinha um sentimento de tristeza e desesperança que nunca me largava. Tornei-me agorafóbica, tinha também uma espécie de claustrofobia e sentia medo e ansiedade sem motivo aparente. Foi horrível.

— Como o seu marido reagiu a tudo isso?

— Stan? Nossa, ele quase morreu de preocupação e insistia muito para que eu conseguisse algumas semanas de folga.

Shirley continuou a história, explicando que os 15 dias de férias que tirou não lhe serviram de ajuda. A aproximação do dia em que iria voltar ao trabalho lhe trouxe também uma sensação de terror intenso. Foi nesse momento que ela ligou para o chefe e pediu demissão sem ao menos esperar pela segunda-feira.

A perda do emprego foi a gota d'água que fez o copo transbordar. Shirley se viu na tortura de uma gigantesca depressão clínica. Ao buscar ajuda terapêutica, aprendeu a reconhecer as mentiras que a tinham feito trabalhar até a exaustão e a destruição da autoestima. A partir disso, passou a se voltar para as Escrituras, a fim de discernir a verdade para si mesma. Os meses se passaram e Shirley estava prestes a retomar a vida normal.

— Jennie, era para ser um dia de celebração... seria minha última consulta com o psicólogo! Em vez disso, porém, eu me senti petrificada ao pensar no futuro. Foi quando o psicólogo me disse: "Shirley, você fez progressos excelentes. Agora está preparada para lidar com qualquer coisa que a vida lhe traga e trabalhou muito bem ao desenvolver a confiança em Deus. Creio que não precisamos marcar novas consultas, a não ser que surja alguma questão que não discutimos e que você queira abordar." — Ela fez uma pausa e depois continuou: — O problema, Jennie, é que depois daquilo tudo, eu fiquei com medo de procurar emprego, e confessei isso ao psicólogo.

"Jennie, esse realmente era o meu maior medo, e eu me abri com ele naquela hora", continuou Shirley. "Estava parada havia muitos meses, e tentar achar um novo trabalho era algo que me aterrorizava. Tinha certeza de que as empresas iriam preferir gente mais jovem, e me preocupava com a reação deles quando soubessem que eu havia abandonado o último emprego de forma abrupta."

— O psicólogo lhe ofereceu alguma ajuda? — perguntei.

— E como! — Shirley deu uma risada no outro lado da linha. — Ele mandou que eu colocasse num papel todas as mentiras que meu inimigo interior me fazia imaginar e vivenciar para depois rebater tudo, contando a ele o que Deus tinha a dizer sobre o assunto nos Evangelhos. Já tínhamos trabalhado assim nas primeiras sessões! Entretanto, eu ainda me sentia tão insegura que marquei uma última consulta para o mês seguinte.

À medida que agosto avançava, Shirley continuou sem emprego nem perspectivas concretas, mas aproveitou essa chance de relaxar em paz fazendo jardinagem. Estar disponível também lhe deu a oportunidade de passar algum tempo com o filho quando ele chegou para uma visita, pouco antes de pedir baixa do Exército. Ele adorava pescar, então ela, o marido e o filho passaram um dia maravilhoso em um lago próximo, em um barco emprestado. Fazia um dia lindo, quente e glorioso, e, no fim da tarde, eles passaram numa famosa sorveteria para celebrar o fim do verão. Essa foi a decisão que mudaria tudo o que Shirley tinha vivido nos meses anteriores.

— Tínhamos acabado de comer nossos sorvetes quando a porta se abriu e entrou um casal que me parecia vagamente familiar — contou. — Quando nos encaminhávamos para a saída, eles analisavam o cardápio e, ao passar ao lado, meus olhos se encontraram com os da mulher, que sorriu para mim de forma calorosa. Então, com o canto dos olhos, vi meu marido trocando um entusiasmado aperto de mãos com o marido dela! Parece que eles se conheciam de algum almoço de negócios entre ministros religiosos, e a esposa, Carol Kent, me reconheceu da nossa igreja e sabia que eu fora professora de estudos comparados da Bíblia! Nosso contato pessoal tinha sido breve, e eu não a via fazia quase 10 anos. Fiquei surpresa por ela se lembrar de mim.

— Você se encontrou assim por acaso com minha irmã Carol em uma sorveteria? — perguntei, abismada.

— Calma, prepare-se para ouvir o resto. É como estou lhe dizendo, Jennie: esse foi *o meu milagre*! — Ela explicou que parte da sua surpreendente cura emocional foi o fato de se sentir livre de qualquer vergonha pelo que tinha enfrentado no início do ano.

— Carol me perguntou em que eu estava trabalhando — continuou Shirley. — Então eu lhe apresentei uma versão condensada, tipo *Reader's Digest*, dos meses anteriores... incluindo o fato de eu ainda estar me recuperando de uma depressão e continuar desempregada.

"Sem pensar duas vezes, sua irmã Carol começou a me contar que ela e Gene tinham resolvido abrir uma agência para promover palestras e fomentar mensagens cristãs. Procuravam alguém que soubesse interagir com o público e os palestrantes, a fim de negociar contratos e prepará-los, além de outros serviços de escritório relacionados com o trabalho ministerial de Carol, que crescia muito.

"Nesse momento, ela me perguntou se eu não estaria interessada no emprego! Ela ia fazer uma viagem curta com o marido, a trabalho, mas pediu para que eu fosse encontrá-la na semana seguinte, quando eles voltassem! Sem que eu precisasse procurar nos classificados, sem preencher formulários e passar por entrevistas, nem ir à última consulta com o meu psicólogo, o Senhor me ofereceu, de forma inesperada, um maravilhoso presente dos céus!"

Eu estava com lágrimas nos olhos a essa altura da história de Shirley. Não tinha conhecimento do seu passado. Sabia apenas que os Kent tinham verdadeira alegria por trabalhar com ela, e se sentiam muito gratos por tê-la na equipe.

— Shirley, você faz ideia de quantas vezes Carol e Gene comentaram sobre o quanto se sentiram abençoados no dia em que você foi trabalhar para eles?

— Jennie — disse ela, já com a voz embargada. — Além do meu encontro com Cristo e do meu casamento, nenhuma outra experiência teve uma influência tão positiva e tão duradoura em minha vida. Eu tenho, diariamente, a chance de interagir com gente envolvida no trabalho ministerial, saboreio uma variedade estimulante e infinita de atividades, me encontro com membros do corpo de Cristo vindos de todos os cantos do país e ainda faço isso para os Kent, que sempre demonstram apreciar meu papel no ministério com incentivos e elogios generosos. Adoro Carol e Gene, e serei sempre grata a eles pela forma como permitiram que o Senhor demonstrasse Seu amor por mim através desse precioso ministério. Esse emprego representa verdadeiramente o toque de Deus na minha vida.

*Possa o Deus da esperança vos encher de todo o gozo e paz quando acreditardes nele, para que possais transbordar de esperança pelo poder do Espírito Santo.*

EPÍSTOLA AOS ROMANOS 15:13

> Não é o que você crê que conta,
> e sim o que você acredita o bastante
> para fazê-lo entrar em ação![1]
>
> GARY GILBRANSON

CAPÍTULO 35

# Dizendo SIM para Deus

POR CAROL KENT

Shannin se sentia confortável tanto nos relacionamentos pessoais quanto em casa e na igreja. Proveniente de uma família humilde, reconhecia com muita rapidez as bênçãos que recebia e por elas sentia-se grata. Tinha um marido amoroso, dois filhos maravilhosos e um padrão de vida confortável que lhe permitia ser generosa com os mais necessitados, além de lhe proporcionar muitas oportunidades de servir na igreja e em organizações filantrópicas.

Certa vez, em um fim de semana, decidiram abrir a casa para o retiro anual do grupo de jovens. Naquela noite, o jovem ministro religioso exibiu um vídeo para mostrar a terrível aflição das crianças em Uganda, forçadas a abandonar suas casas e dormir em esconderijos, a fim de evitar a captura por soldados rebeldes que as forçavam a lutar em uma guerra que não era delas. Ao assistir ao vídeo, Shannin ficou devastada de emoção. Podia sentir o corpo se contorcendo de pena.

Seus pensamentos alçaram voo: *Será que Deus está falando especificamente a mim por meio desse vídeo?* Ondas de emoção a invadiram, e teve vontade de pegar cada uma daquelas crianças de expressão triste, desnutridas, e resgatá-las do horror. Ela enxugou as lágrimas quando o vídeo acabou e perguntou a si mesma se aquele desejo intenso de fazer algo em prol das crianças de Uganda desapareceria dali a algum tempo.

Nos dias que se seguiram, porém, seus sentimentos com relação ao que vira se tornaram ainda mais intensos. Shannin se colocou de joelhos e orou: *Ó Deus, o que mais o Senhor quer que eu veja? O que mais preciso ouvir? Quero que meu coração também sofra pelas coisas que fazem o Seu coração sofrer.*

O trabalho do esposo de Shannin o levava a vários pontos do planeta. Depois de um período intenso de orações, ela decidiu ser mais que uma simples turista ao acompanhar o marido em suas viagens. A próxima parada deles seria em Taiwan, e ela já pesquisara sobre o melhor orfanato a visitar. Assim que chegou ao local, o coração de Shannin foi cativado por uma garotinha que tinha sido abandonada pela família, depois de seu pai atirá-la contra a parede do outro lado da sala durante uma briga, agressão que a deixou física e mentalmente incapacitada. Os funcionários do orfanato eram como se fossem pais e mães das crianças, e Shannin observou o carinho com que tratavam aquela menina em especial. Percebeu que a atmosfera amorosa em um orfanato bem-estruturado poderia ser um verdadeiro lar de apoio para crianças abandonadas.

Ao voltar para os Estados Unidos, Shannin desenvolveu um conflito interior com seus sentimentos. *De onde vem esse meu desejo tão intenso de visitar orfanatos? Será que Deus está nos pedindo para adotar uma criança ou esse desassossego na alma repre-*

*senta algo maior ainda?* Ela precisava de informações adicionais e de uma sabedoria quase sobrenatural.

As palavras saíram em um desabafo: *Ó Deus, não quero perder as bênçãos reservadas para mim e para a minha família, mas ainda não descobri o que o Senhor quer que façamos. Por favor, me dê olhos para vê-Lo e ouvidos para escutar Sua voz.*

Logo depois de orar, o telefone tocou. Era uma amiga que ligara para dizer que estava acompanhando uma equipe de missionários em uma rápida visita a Honduras, para construir um centro de assistência médica. Shannin e o marido resolveram se juntar à equipe e levaram os filhos, mas fizeram planos para ficar uma semana a mais, a fim de conhecer um orfanato local. Ao chegar, foram recebidos pela alegria contagiante de uma multidão de crianças carentes de afeto. Shannin ficou muito feliz ao abraçá-las, mas, ao mesmo tempo, se sentiu invadida por uma profunda sensação de tristeza. As pessoas que tomavam conta dos pequenos órfãos nem se deram ao trabalho de verificar quem eram os visitantes, e a falta de supervisão era completa. Um dos meninos, de 15 anos, havia se tornado a figura paterna do grupo, mas estava para ser transferido, devido à sua idade.

A compaixão de Shannin por órfãos de modo geral se aprofundava a cada dia; muitas vezes ela se pegava chorando ao recordar as crianças que havia conhecido. Ela e a família resolveram que iriam visitar orfanatos em todas as férias que tirassem dali em diante. Mesmo assim, para Shannin, as perguntas não paravam de aparecer e a assombravam: *Como promover mudanças positivas que tenham resultados de longa duração? Será que basta adotar alguém ou Deus está me pedindo para ajudar muitas crianças?*

Um dia, logo depois dessa oração diária, ela sentiu um aumento no peso do fardo que normalmente carregava por conta dos órfãos que tinha visto na África.

Aquelas crianças estavam no centro de uma guerra civil, e Shannin sabia que Deus queria que ela fizesse algo palpável para ajudá-las. O Espírito Santo tocou o seu coração e, ao orar mais uma vez, ela chorou baixinho e perguntou: *Senhor, e se existirem crianças que vão sofrer ainda mais porque falhei em obedecer à Sua orientação? Por favor, me mostre o que eu preciso fazer.*

Shannin transbordava de amor por menores carentes, incluindo os que ela nunca vira. Mas quem era *ela* para sonhar em fazer algo imenso para crianças que moravam no outro lado do mundo? O que a qualificava para ser a pessoa responsável pela organização de ajuda humanitária nessas proporções? Os pensamentos de Shannin se agitavam. *Se não for eu, quem vai fazer? Se não for agora, quando será?*

O que aconteceu em seguida foi uma surpresa daquelas. Shannin conheceu um homem que dirigia um orfanato no Congo. Ele nascera na África, mas morava em Lakeland, na Flórida. Planejava terminar a construção de um novo orfanato em seu país natal. Depois de várias semanas de encontros e o compromisso de se envolver pessoalmente com esse projeto, Shannin e sua família estavam em um avião a caminho da África.

As necessidades do lugar estavam muito além de tudo o que vira até então. Era um ambiente do tipo "só o mais forte sobrevive". As crianças iam parar no orfanato devido, basicamente, a guerras, doenças e abandono. Os pais que não conseguiam recursos para cuidar dos filhos mais fracos e enfermos simplesmente os despejavam lá. Encontrou funcionários que não "perdiam seu precioso tempo" cuidando ou mesmo alimentando os recém-chegados, e nunca demonstravam afeto. Ainda comentavam o quanto achavam estranho que os visitantes dos Estados Unidos gostassem tanto de abraçar as crianças e pegá-las no colo.

Nessa viagem, Shannin viu inúmeras crianças com pouca vitalidade, letárgicas, mas reagindo de forma muito positiva ao toque humano e às manifestações de amor, a tal ponto que chegavam a dançar alegremente no rio onde tomavam banho. Quase todas desconheciam a data de nascimento. Algumas nem nome tinham. Muitas não se lembravam de como haviam chegado ao orfanato. Ao longo dos dois anos que se seguiram, a família inteira de Shannin se envolveu na coleta de donativos e na doação de fundos para os órfãos da África. Entretanto, ela seguia sentindo um aperto fortíssimo no coração e começou a orar pedindo que Deus lhe mostrasse o próximo passo.

Enquanto orava, e lia as Escrituras, Shannin mantinha um diário: *Senhor, faça com que eu enxergue Seus planos. Sinto que meu coração está sendo novamente impulsionado pela Sua mão. Tenho uma inquietude que me deixa ansiosa, pois quero descobrir minha missão e ver o que o Senhor colocou na minha vida para o futuro.*

Alguns dias depois, uma amiga telefonou e lhe contou que desejava apresentá-la a uma mulher que dedicava a vida e o coração aos órfãos, exatamente como ela. Um encontro foi marcado para a semana seguinte. Os filhos a acompanharam e, na chegada, Kaylene, a amiga de Shannin, apresentou todos à convidada de honra.

A palestrante começou a falar e, em poucos segundos, Shannin percebeu que aquele compromisso foi agendado pela intervenção divina. A mulher contou sobre uma propriedade que havia comprado na Tanzânia, um país situado na costa leste da África. Queria construir um orfanato lá. Falando pausadamente, ela informou:

— Tenho 78 anos. Até possuo a visão do que precisa ser feito, mas estou exausta e não consigo mais tocar sozinha. Gostaria de doar a propriedade à nossa comunidade, para que *vocês* possam construir um orfanato e um centro de saúde para as crianças carentes.

Nesse instante, Shannin viu com clareza a imagem com que sonhara tanto. Ela precisava separar algum dinheiro para aquele projeto, e entendeu nesse exato momento que Deus queria que o seu fundo para ajuda humanitária fosse empregado na construção de um orfanato na Tanzânia, exatamente na propriedade doada. Ela agradeceu com emoção àquela mulher admirável e aceitou a propriedade e a pesada responsabilidade que vinha com ela.

Corrine, a filha de Shannin, estava sentada no banco do carona quando elas voltaram para casa naquele dia. Havia lágrimas em seus olhos. Ela também tinha ficado muito impressionada com aquele encontro inesperado. Subitamente, olhou para o lado e disse:

— Mamãe, eu não quero simplesmente ser uma cristã passiva. Tenho lido muitas passagens na Bíblia em que se fala disso. No caso de algumas pessoas, uma viagem missionária, uma vez por ano, é muito gratificante, se é isso que Deus pede delas. No meu caso, porém, se eu não construir esse orfanato na Tanzânia, vou sempre pensar que poderia ter feito muito mais! Sei que Deus deseja que nós levemos essa ideia adiante. *Temos* que fazer isso!

Deus tocou o coração de Shannin e de sua filha ao mesmo tempo naquele dia; o projeto não era grande demais a ponto de não poder ser concretizado, e Deus certamente forneceria tudo que fosse necessário depois de elas terem dito um enorme SIM para Ele.*

*Bem-aventurados os vossos olhos, porque veem, e os vossos ouvidos, porque ouvem.*

MATEUS 13:16

---

* Shannin Pickle é a presidente da Organização Small Steps for Compassion, ligada à Fundação Make it Count. Estão levantando fundos para a construção de um orfanato na Tanzânia.
Para colaborar, visite: www.themakeitcountfoundation.com

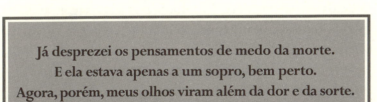

> Já desprezei os pensamentos de medo da morte.
> E ela estava apenas a um sopro, bem perto.
> Agora, porém, meus olhos viram além da dor e da sorte.
> E eu sei que existe um mundo a ser descoberto.[1]
>
> CALVIN MILLER

## CAPÍTULO 36

# *Voltando para Casa*

POR JENNIE AFMAN DIMKOFF

Steve Campbell, de 41 anos, nunca permitiu que sua saúde frágil o impedisse de incentivar os outros a viver a própria vida da forma mais plena possível. Desde o primeiro derrame, aos 36 anos, passou por inúmeros atendimentos de emergência, incluindo três graves episódios de parada cardíaca, ocasiões que o trabalho dedicado da equipe médica conseguiu trazê-lo de volta. Na verdade, Steve tinha sido considerado clinicamente morto tantas vezes que as pessoas lhe perguntavam como eram as coisas "do lado de lá". Ele ria e respondia: "Devo ter algum tipo de amnésia, porque não me lembro de nada!"

Logo no início do dia, durante o café da manhã, ele estava numa lanchonete batendo um papo com outro cliente, incentivando-o a não desistir de seus sonhos, quando sofreu uma convulsão. Ao se recuperar, foi para casa e pagou todas as contas que iriam vencer (a cada semana ele se certificava de que estava tudo em ordem, só por garantia). Em seguida, foi almoçar com um grande amigo. Teve um derrame em pleno restaurante. Na pequena cidade onde morava, não era de estranhar que muitos frequentadores do restaurante conhecessem Steve. Uma amiga enfermeira estava almoçando no local e, quando ele se dobrou e caiu no chão, ela imediatamente realizou manobras de ressuscitação cardiopulmonar. Ele foi levado às pressas para o hospital mais próximo, que ficava a 30 minutos de distância.

Steve recebeu o diagnóstico de insuficiência cardíaca congestiva. Seu estado era tão crítico que a equipe médica não imaginou que Adelle, sua esposa, conseguiria chegar a tempo, mas chegou, bem como os dois filhos adolescentes do casal. Na verdade, Deus permitiu, de forma misericordiosa, que Steve tivesse mais cinco dias de vida para as despedidas. Nos intervalos entre ciclos respiratórios progressivamente mais difíceis, ele trocou com a esposa, de 37 anos, e com os filhos Caleb, de 15 anos, e Melissa, de 13, palavras de despedida que eles guardariam por toda a vida.

Steve disse aos filhos que sua maior tristeza em partir era ter tido pouco tempo na companhia deles. Em seguida, lançou uma piscadela cúmplice e uma risada sutil para Adelle, agradecendo-lhe por ela ter mantido sua vida tão "espantosamente" ocupada. Adelle era enfermeira e, apesar da doença do marido, ele a incentivou a dar palestras pelo país e compartilhar com todos a sua notável história. Steve tinha sido seu maior incentivador, e queria que ela fosse independente e autoconfiante para conseguir ir em frente sem o marido, quando o momento chegasse.

A cada dia ele amanhecia mais ofegante, mas continuava preocupado com os sentimentos das pessoas que iam visitá-lo. Mesmo sofrendo dores insuportáveis, Steve conseguiu manter o senso de humor até o fim, e animava as pessoas que tentavam encorajá-lo.

Durante aqueles cinco preciosos dias, reviu, ao lado de Adelle, uma lista definitiva de tudo que ela teria de fazer quando ele morresse. O primeiro item da lista era organizar o serviço funerário. Depois, cuidar dos negócios e das despesas da casa, coisas que ele sempre havia gerenciado. Steve recapitulou tim-tim por tim-tim com a esposa, pois ela teria de estar no comando e tratar de tudo a partir de agora.

— Descanse um pouco, para ver se você se sente melhor.

— Não suporto mais, querida — murmurou ele, com um sorriso cansado.

No fim, ele removeu o próprio tubo de oxigênio, pois não queria mais respirar por meios artificiais. Adelle estava ao seu lado. Steve quis se sentar em uma poltrona reclinável que ficava na beira da cama, pois achava que talvez conseguisse respirar sozinho nessa posição, e, quem sabe, até dormisse um pouco. Adelle o ajudou. Ela se recostou na cama, ao lado dele, plenamente consciente da dificuldade respiratória do marido. Deve ter cochilado um pouco e, às cinco da manhã, acordou assustada com os equipamentos médicos, que começaram a apitar.

Pulando da cama, Adelle se ajoelhou no chão diante da poltrona, pegou uma das mãos de Steve, colocou-a entre as suas e a manteve ali. Ele abriu os olhos e usou o restante de forças que ainda tinha para colocar a mão direita sobre a dela e, olhando-a fixamente, disse: "Eu te amo demais." Logo em seguida, fechou os olhos e deixou-se levar desta vida para estar junto do Senhor.

Adelle ficou ajoelhada ali por algum tempo, saboreando aquele doce adeus. Depois de alguns minutos, ela se levantou, inclinou-se sobre o esposo e beijou-lhe a testa. Não houve desespero no leito. Steve e Adelle sabiam que, devido à gravidade do estado de saúde, cada dia poderia ser o último. Escolheram levar a vida sem arrependimentos, haviam criado recordações preciosas e aproveitado cada instante, sabendo que o momento do adeus se aproximava velozmente. Sentiam-se gratos a Deus por Ele ter permitido que a passagem fosse suave.

A hora exata da morte, segundo o registro do prontuário, foi 5h15 da manhã. Os enfermeiros chegaram em silêncio e colocaram o corpo sobre a cama. Os aparelhos de monitoramento estavam estranhamente silenciosos, e as telas, apagadas. Foi então que amigos mais chegados apareceram, se reuniram em torno da cama e o quarto não ficou mais em silêncio. Em vez disso, o ar se encheu com as doces notas do belíssimo hino *Amazing Grace* acompanhadas de palavras profundas e reverentes de louvor retiradas da doxologia cristã: *Glória ao Senhor, de onde fluem todas as bênçãos. Que seja louvado por todas as criaturas vivas. Glória Àquele que está acima das hostes celestiais. Glória ao Pai, ao Filho e ao Espírito Santo. Amém.*

*Bem-aventurados os que acham ter perdido o que lhes é mais amado, pois só assim poderão ser abraçados por aquele que é, verdadeiramente, o mais querido.*

ADAPTAÇÃO DE MATEUS 5:4

Deus não permite que graves problemas perturbem Seus filhos, a não ser que tenha um plano específico por meio do qual uma grande bênção poderá surgir a partir das dificuldades iniciais.[1]

PETER MARSHALL

## CAPÍTULO 37

# A Noite que Mudou Tudo

POR CAROL KENT

Era véspera de Natal. Suzanne, que estava no segundo ano da faculdade, tinha voltado para casa a fim de passar as festas de fim de ano com a família. Pouco antes de ir para a faculdade, em setembro de 1960, ela e o namorado tinham rompido. Durante o outono, eles não haviam escrito um para o outro, nem telefonado, nem entrado em contato por nenhum meio. Tinham sido namorados desde o ensino médio, mas sabiam que o amor entre eles havia desaparecido.

As famílias de ambos costumavam celebrar a véspera do Natal na casa de amigos, e aquele ano não seria diferente. Os adultos comemoravam no andar de baixo, e os jovens festejavam no andar de cima. Os veteranos da faculdade inventaram um drinque chamado "Scorpion", que era uma mistura de bebidas servida em uma linda tigela prateada de ponche. Um canudo era colocado na bebida e passava de pessoa para pessoa. Os amigos de Suzanne a convenceram a participar da brincadeira e ela entrou no clima. Como tinha pouquíssima experiência com álcool, Suzanne achou o sabor parecido com ponche, só que um pouco mais forte.

Imaginou que todos estivessem bebendo da tigela tanto quanto ela, e não percebeu que os amigos tentavam fazer com que *ela* se embebedasse, enquanto eles mal provavam. Em pouco tempo já se sentia intoxicada e mal conseguia se manter em pé.

Logo depois, Dave, o antigo namorado de Suzanne, apareceu na casa para desejar a todos um feliz Natal. Assim que ele entrou no quarto, os instigadores daquela brincadeira de mau gosto se sentiram aliviados. Explicaram o que havia acontecido e pediram que Dave levasse Suzanne para casa. Ele aceitou a incumbência de bom grado e desceu a escada dos fundos carregando-a no colo com todo o cuidado para que os adultos na sala da frente não percebessem, de fato, o que estava ocorrendo.

Refletindo agora sobre o que se passou, ninguém deveria ter se mostrado mais surpreso pelo que aconteceu do que o próprio Dave. Eles nunca haviam consumido álcool durante todo o tempo em que namoraram. Naquela noite, em vez de deixá-la em casa, Dave a levou para o seu apartamento.

Suzanne nunca tinha estado naquele lugar, pois queria evitar especulações dos vizinhos sobre possíveis comportamentos impróprios. Durante os meses em que namoraram, Suzanne e Dave tinham demonstrado com entusiasmo seu afeto um pelo outro, mas nunca tinham dormido juntos. Ao longo do namoro, eles combinaram de só ultrapassar os limites depois do casamento.

Apesar de estar alcoolizada, Suzanne se lembrava de ter ficado feliz ao ver Dave entrar pela porta. Soube que precisava ir embora da festa e entrou semiconsciente no carro dele, supondo que Dave a levaria para casa. Bêbada demais, não percebeu que estava sendo levada para o lugar errado.

Assim que chegaram, Suzanne percebeu que não conseguia mais caminhar sem ajuda. Dave a levou para dentro e a colocou deitada em sua cama. Disse a Suzanne que ela precisava comer alguma coisa e foi até a cozinha em busca de um lanche. Minutos depois, ela apagou de vez. Quando viu que Suzanne estava completamente inconsciente sobre a sua cama, Dave abusou sexualmente dela. Na véspera do Natal de 1960, Suzanne foi estuprada pelo ex-namorado.

Arrependido, sob o peso da culpa, depois do ataque, Dave a agarrou pelos ombros e começou a sacudi-la com força enquanto gritava, freneticamente:

— Acorde, Suzanne, acorde! Eu fui longe demais!

Lentamente, Suzanne acordou e tentou compreender o que havia acontecido.

Na primeira semana de janeiro, muito deprimida, arrasada pelo que acontecera e com uma sensação de culpa que não tinha razão de ser, ela voltou às aulas na faculdade. Nunca planejou retomar o contato com Dave. Algumas semanas se passaram e, quando seu ciclo menstrual atrasou, uma sensação de pânico tomou conta dela. No final do mês, Suzanne voltou para casa e marcou uma consulta com o dr. Charles, o gine-cologista da família. Um teste confirmou seu maior receio: ela estava grávida.

A cabeça entrou em parafuso. Ao voltar para a faculdade e tomada pelo medo, ela chegou a pensar em suicídio. O pai de Suzanne era um político importante, sua família era muito conhecida na comunidade e no restante do estado. Ansiosa, ela refletiu sobre o embaraço público e a vergonha que sua gravidez traria para toda a família.

Logo percebeu que não teria coragem de tirar a própria vida. Ligou para Dave, o ex-namorado que ela nunca mais pretendia ver, e contou-lhe que estava grávida. Na mesma hora ele a pegou na faculdade e a levou de carro até a casa dos pais dela. Sua mãe e seu pai ficaram chocados e uma confusão de sentimentos se instalou na esteira dessa notícia inesperada. Eles levaram a filha para se encontrar com um casal que morava em outra cidade a 80 quilômetros dali, onde conseguiram que um ministro religioso e sua esposa se comprometessem a adotar o bebê. Suzanne estava confusa, atordoada, mas quando compreendeu o objetivo específico da visita, abriu o coração:

— Acho que vocês não entenderam. Meu bebê *não será* entregue para adoção. Vou dar à luz essa criança e pretendo criá-la eu mesma!

O pai apontou para a porta da rua e replicou, com vigor:

— Está vendo aquela porta bem ali? Então, você tem duas opções: pode passar por ela e nunca mais olhar para trás ou pode se casar com Dave!

Como Suzanne se recusou a aceitar a adoção, seus pais planejaram um casamento rápido e discreto. Testemunhado apenas pelos familiares mais íntimos, a curta cerimônia aconteceu em uma cidade próxima, dois dias depois, em 4 de fevereiro de 1961.

Suzanne sabia que havia destruído os sonhos cor-de-rosa que seus pais tinham para a sua vida, e não lhes queria causar mais aborrecimentos. O casamento foi uma batalha diária, mas Suzanne pretendia, a todo custo, compensar o começo complicado e difícil; sonhava com uma vida boa para o filho.

Jimmy nasceu no dia 11 de setembro de 1961, e cinco anos depois ela deu à luz um segundo filho, em 15 de junho de 1966. Dave tinha ido pescar e não estava presente quando ela entrou em trabalho de parto. Durante cinco anos e meio, ela fez o que pôde para o casamento dar certo. A seu modo, Dave também tentou, mas eram muito jovens e continuavam assombrados pelas terríveis circunstâncias que tinham culminado no matrimônio. Havia tantos sentimentos de culpa a superar que, por fim, o casal se divorciou.

O cotidiano era difícil, e Suzanne lutava bravamente contra todo o tipo de adversidade. Quando Jimmy entrou na adolescência, Suzanne escreveu para Ann Landers, famosa jornalista e conselheira sentimental, perguntando como e quando ela poderia conversar com Jimmy a respeito de relacionamentos e concepção de filhos. Ann lhe respondeu com as seguintes palavras: "Seu coração lhe dirá *como* e *quando*, no momento certo. Boa sorte, querida!"

Vinte anos se passaram desde a gravidez não planejada. Jimmy terminara o primeiro ano na faculdade de Stanford e voltou para casa na véspera do aniversário de 40 anos de Suzanne. Quando mãe e filho se sentaram juntos naquele dia e conversaram até tarde da noite, ela soube, por instinto, que aquele era o momento certo para lhe contar a verdade e dividir com ele a dor de tudo o que ela havia passado. Foi como se Deus tivesse preparado o coração dele para notícias inesperadas.

No dia seguinte, Jimmy foi buscar o presente que havia embrulhado para o aniversário da mãe. Era uma linda Bíblia. Ele disse:

— Mamãe, há um mês convidei Jesus Cristo para entrar na minha vida.

Ela falou muito sobre o que significava ser cristão em toda sua integridade e revelou:

— Deus sempre tem um objetivo e um plano para Seus filhos, e certamente não foi por acaso que eu fui concebido sob circunstâncias tão incomuns.

Mais tarde, Suzanne explicou com suas próprias palavras:

— Naquele dia, meu filho me levou a criar um relacionamento íntimo com Jesus Cristo. Tinha conhecido a fé verdadeira na universidade onde ele cursava o primeiro ano. Ele me deu uma Bíblia belíssima e escreveu uma carta para acompanhar o presente.

*Querida mamãe,*

*Não consigo imaginar um presente melhor para o seu aniversário do que a Palavra de Deus. O fato de tudo o que está escrito nesse livro ter sido inspirado por Deus fornece os elementos básicos da nossa fé... Quando usada sob a orientação do Espírito Santo, essas palavras farão com que cresça em seu coração o conhecimento do Senhor... Tenho certeza de que você vai descobrir que confiar em Deus é o maior conforto que existe no mundo...*

*Amo você do fundo do meu coração, minha mãe, e lhe desejo um maravilhoso aniversário de 40 anos. Que Deus a abençoe sempre e possa fazer florescer cada vez mais o infinito potencial que existe dentro do seu coração amoroso...*

*Com muito amor,*

*Jimmy*

Agora, 29 anos depois desse dia, Suzanne e Jimmy dão as boas-vindas a todas as oportunidades que surgem de conversar sobre a forma maravilhosa como a mão de Deus atuou em suas vidas. Dividem as circunstâncias da concepção de Jimmy com outras pessoas e concordam que, se isso fizer com que pelo menos uma mulher seja incentivada a levar a termo sua gravidez, para dar à luz o bebê que carrega no ventre sem buscar o aborto como solução para a possível gestação indesejada, a decisão de divulgar abertamente a jornada pessoal de mãe e filho terá valido a pena.

A dádiva de Deus para Suzanne surgiu por meio de adversidades, mas acabou por revelar Sua imensa soberania. O estupro que resultou em uma gravidez não planejada produziu um filho amado que a aproximou ainda mais de Cristo. E em sua vida como ministro religioso, ao longo de 24 anos, Jimmy apresentou Cristo a centenas de outras pessoas.

*Deus faz com que tudo sempre dê certo;
Ele faz com que as vítimas se
coloquem novamente de pé.*

ADAPTAÇÃO DE SALMOS 103:6

Obrigada, Senhor, pelo dia brilhante que eu
passei simplesmente conversando com um amigo.
Pois nesse encontro o Senhor
também estava presente.[1]

MARION STROUD

## CAPÍTULO 38

## *Volta ao Passado*

POR JENNIE AFMAN DIMKOFF

Eu estava perdida em pensamentos quando meu marido, Graydon, entrou na sala e me beijou na testa. Voltando subitamente ao presente, mostrei-lhe o papel que tinha na mão.

— É um convite para o encontro de confraternização da minha turma do ensino médio. *Quarenta anos!* — exclamei, quase sem acreditar. — Só pessoas *velhas* fazem reuniões de 40 anos de formadas. Isso é deprimente!

— Não é não — replicou ele, rindo. — Levei mamãe a uma reunião de confraternização semelhante a essa no ano passado, e só duas pessoas da turma dela apareceram. — Ele ampliou o sorriso. — Ela está com 92... Você, minha linda, ainda é uma garota!

Dessa vez fui eu que ri.

— Se está tentando me fazer sentir mais jovem, saiba que não está funcionando.

— Você quer ir à festa? — perguntou ele. — Eu posso te acompanhar.

— Talvez. A data está livre em nossa agenda. Pode deixar que eu decido e aviso você, certo?

*Será* que eu queria voltar? Minha família havia morado em Sandusky só por três anos e meio e eu não tinha grandes amizades ou lembranças especiais da cidade, especificamente. Meu pai era ministro religioso e foi convocado para servir em outra igreja um ano depois de eu me formar no ensino médio. Em todas as férias que se seguiram, nós visitávamos os pais de Graydon assim como os meus pais, mas nunca voltei à minha antiga escola. Para falar a verdade, voltei lá uma vez só ao longo desses 40 anos.

É claro que eu tinha algumas recordações maravilhosas daquele tempo. As peças e os musicais que montamos na escola foram muito marcantes em minha vida, e havia, sim, alguns colegas para quem eu ainda telefonava no Natal. Mas também tinha lembranças dolorosas. Fui monitora e representante de turma; e sempre tentei desempenhar meus papéis com entusiasmo e dedicação. Entretanto, à medida que fui me tornando adulta, percebi que ganhar os principais papéis nas peças e musicais da escola devia ser irritante para outras jovens. O velho ditado "As crianças sabem ser cruéis" é verdadeiro, e experimentei isso na própria carne. Quando me formei, me senti pronta para *seguir em frente* e cursar a universidade. Será que eu realmente queria *voltar* lá?

Nos dias seguintes, minha mente foi invadida por lembranças, algumas lindas, outras nem tanto. Comecei a trabalhar como babysitter para amigos e vizinhos aos 12 anos e a partir daí assumi a responsabilidade de comprar todas as minhas roupas. Ganhava só 50 centavos por hora, e levava um bom tempo para juntar o suficiente para comprar cada peça do meu vestuário.

Tinha sete conjuntos apenas, e usava-os em rodízio para ir às aulas. Mesmo depois de tantos anos, ainda guardo recordações vívidas da alegria de finalmente conseguir juntar dinheiro suficiente para comprar um conjunto de duas peças, última moda, em uma loja de departamentos; era um modelo que eu vi na revista *Seventeen*. Eu o achava lindo e perfeito. Adorei a blusa azul-marinho com gola em tricô combinando com a maravilhosa saia em veludo cotelê bem coloridona. Eu queria tanto essa roupa que tinha colocado um recorte com a foto da revista pregado bem no espelho do meu quarto.

Finalmente consegui o oitavo conjunto completo para acrescentar ao rodízio de roupas, e dessa vez não era feito em casa! Eu mal podia esperar para estreá-lo na escola, na semana seguinte.

Na segunda-feira de manhã, fui para a aula me sentindo uma verdadeira modelo. Era surpreendente o que as roupas novas faziam pela minha autoestima. Contudo, no meio da tarde, durante uma das aulas, pedi para ir ao toalete e fiquei chocada ao ouvir uma voz atrás de mim no corredor dizendo: "Se você soubesse como está parecendo uma palhaça com essa saia, nunca mais usaria na vida!"

Virei na mesma hora para ver quem era minha agressora e, num primeiro momento, tentei rir daquilo como se fosse uma piada, mas, logo depois, lágrimas de decepção turvaram minha visão. Entrei correndo no banheiro, me tranquei em uma das cabines e comecei a chorar copiosamente. Como era imatura, *acreditei* nas palavras terríveis que tinham sido lançadas contra mim de forma tão vil. Embora tivesse trabalhado muito para conseguir comprar aquele lindo conjunto, não tornei a usá-lo por mais de dois meses.

*Será mesmo que eu queria* voltar ao lugar onde lembranças de bons momentos e colegas cruéis se misturavam? Quarenta anos depois, eu estava revivendo velhas lembranças e me ocorreu que era bem provável que a maldosa que me disse aquelas palavras de forma tão gratuita nem se lembrasse do incidente. O mais estranho era eu recordar vividamente as palavras dela e a dor que me causaram, mas não conseguir me lembrar do nome nem do rosto. De repente me peguei sorrindo, curvei minha cabeça e orei: *Ó Pai, obrigada por cicatrizar velhas feridas. Eu me lembro de ter lido em algum lugar que quando o Senhor nos ajuda a esquecer e perdoar não se trata apenas de uma "amnésia sagrada", mas sim da graça de fazer desaparecer totalmente a dor provocada por essas mágoas. Percebo agora que o Senhor fez isso por mim há muito tempo, em relação àquela pessoa. Pai, se eu for a esse reencontro com minha antiga turma, o Senhor me ajudará a representar bem Sua imagem? Não quero reabrir velhas feridas, nem tentar parecer uma celebridade ou uma escritora de renome. Gostaria que elas vissem a Sua presença em mim. Em nome de Jesus, amém.*

Naquela tarde, eu estava conversando com meu vizinho no quintal e comentei que finalmente decidira participar do reencontro de 40 anos da minha turma do ensino médio.

— Eu nunca vou a essas festas — replicou. — É sempre a mesma panelinha que se senta junto para conversar e falar mal dos outros colegas. Depois de participar de dois ou três desses reencontros, desisti e nunca mais me dei ao trabalho de voltar a participar.

— Bem, Graydon vai comigo, então não estarei completamente sozinha — disse eu sorrindo. — Há algumas pessoas que eu realmente gostaria muito de reencontrar. Além do mais, decidi que vou circular em busca de pessoas no salão que pareçam deslocadas, para fazê-las se sentir bem-vindas!

Quando o dia do reencontro foi se aproximando, fui ficando um pouco nervosa quanto à roupa que iria usar, mas ao mesmo tempo estava empolgada pela perspectiva de encontrar velhas colegas de classe e rever pessoas conhecidas. Quando chegamos, os crachás tinham nossa foto de adolescente ao lado do nome, o que era muito útil para ajudar na identificação. Depois de 40 anos, os cabelos haviam mudado, rareado ou mesmo desaparecido, no caso dos rapazes, e várias cinturas tinham se expandido de forma considerável!

Fomos imediatamente rodeados por colegas, que nos deram as boas-vindas, e as conversas começaram a fluir com facilidade. Em vez das demonstrações de superioridade e do ar de competitividade que eu me lembrava do passado, senti um interesse genuíno e um ar amistoso nas pessoas. Pude perceber que o tempo, as experiências, os sucessos e os desapontamentos tinham enriquecido várias daquelas vidas, mas também feito estragos em outras. Tive a agradável intuição de que a maturidade suaviza as pessoas e as torna mais generosas.

Enquanto a noite seguia, lembrei-me da minha proposta pessoal de buscar pessoas solitárias e/ou deslocadas. Eu pedi licença para sair da mesa onde estávamos e fiquei surpresa ao ver que uma linda mulher estava à *minha* procura. Meus olhos buscaram o nome dela no crachá, mas não havia foto nenhuma ao lado. Seu nome era Vicki.

— Jennie! — disse ela. — Talvez não se lembre de mim, mas eu estava torcendo muito para que você aparecesse hoje à noite. Será que é possível trocarmos algumas palavras, em particular?

Eu me coloquei à disposição dela e fomos para um pequeno pátio do lado de fora do salão.

— Sou dois anos mais nova do que você, Jennie, mas me lembro de você e da Paula, sua irmã, que estudava na minha turma — disse Vicki. — Eu era meio destrambelhada naquela época e fiz muitas besteiras na vida, das quais não me orgulho nem um pouco, mas queria que soubesse que eu observava você e sua irmã, e as admirava de longe. Vocês me causaram uma grande impressão, embora nunca tenham sabido disso.

Ela seguiu contando que a vida não tinha sido nada fácil para ela, mas cinco anos antes havia reconhecido Jesus Cristo como seu salvador pessoal e logo depois o marido também se tornou cristão.

— Tudo em nosso mundo mudou, Jennie! — exclamou ela, com o rosto brilhando de alegria. — Ainda enfrentamos alguns desafios com nossos dois filhos, mas agora temos alegria e paz em nossas vidas, em vez de só desespero.

— Oh, Vicki! — respondi, emocionada. — Você não faz ideia do quanto significa, para mim, você ter me contado isso. Eu quase não vim a esse reencontro, e isso seria uma lástima, pois eu não teria tido a chance de ouvir sua história. Pronto, já valeu a pena eu ter comparecido!

— É mesmo? — espantou-se ela. — Quero lhe contar mais uma coisa, Jennie. Naquela época, eu considerava a sua família perfeita, e achava que vocês não precisavam lidar com a dor e as mágoas da vida, como as outras pessoas. Pois bem... fui a uma conferência há uns meses com algumas senhoras amigas da minha igreja e ouvi uma palestra da sua irmã Carol. Ela falou sobre os problemas e as tristezas que afligem sua família, mas o tempo todo fez louvores ao Senhor. Percebi, enquanto a ouvia, que ninguém é imune ao sofrimento, mas podemos escolher reagir a ele de formas diferentes. Aprendi muito com a palestra dela. Por favor, conte-lhe isso.

— Pode deixar que eu conto. Vou estar com ela em breve. Estamos trabalhando juntas em um novo livro. Vai se chamar *Milagres do Ágape*, com histórias sobre o amor incondicional de Deus por Seus filhos. Posso orar um pouco com você, Vicki? Gostaria de agradecer a Deus por este reencontro especial e pedir por você, seu marido e seus filhos.

— Você faria isso por mim? — Lágrimas surgiram nos olhos de Vicki.

— Com muita alegria.

Colocando os braços sobre os ombros da minha mais *nova amiga*, agradeci ao Senhor pela oportunidade de olhar para o passado de vez em quando, a fim de ser lembrada de tudo o que Deus fez e continua fazendo em nossas vidas. Orei pelas preocupações que rondavam a família de Vicki e depois, juntas, voltamos ao salão. Meu coração cantava de júbilo e, mais tarde, agradeci em particular ao Pai Celestial pelo presente que tinha representado para nós duas o reencontro daquela noite.

*Tereis sempre boas recordações de nós, desejando ver-nos, assim como nós queremos vê-los.*

ADAPTAÇÃO DA PRIMEIRA EPÍSTOLA AOS TESSALONICENSES 3:6

> **Ganhamos a vida com o que conseguimos obter,
> mas construímos a vida com o que conseguimos dar.**[1]
>
> SIR WINSTON CHURCHILL

## CAPÍTULO 39

# *Cerejas Cobertas de Chocolate*

POR CAROL KENT

Gene colocou o fone no gancho e simplesmente disse:
— Meu pai se foi. Deitou-se tranquilamente para dormir ontem à noite e não acordou mais. O velório será no sábado. Eu nem sequer tive a chance de me despedir.

Seis semanas antes, papai voara para a Flórida para dar a si mesmo uma trégua da neve e passar algum tempo conosco, em família. Tinha 82 anos e sofria de vários problemas de saúde, então ficamos empolgados ao vê-lo disposto a enfrentar a viagem. Papai não entrava em um avião desde que servira no Exército, com vinte e poucos anos, e adorou rever a Terra do alto.

As duas semanas que se seguiram foram repletas de atividades. A feirinha de pulgas foi o primeiro lugar a ser visitado. Trata-se de um quilômetro quadrado de pequenos estandes que exibem todos os tipos possíveis e imagináveis de roupas, artesanato, peças em couro, enfeites de jardim e joias, e novos ou usados, e a preços muito reduzidos. Papai escolheu cuidadosamente itens que sabia que seus netos iriam adorar receber de presente. Depois fomos ao Festival de Morangos, em Plant City. Todos se empanturraram com as maiores tortas de morango que havia no menu. Além, é claro, do sorvete de baunilha por cima e muito chantilly. Papai vivia intensamente cada momento, puxou conversa com as garçonetes e mexeu com as crianças em volta, mais brincalhão do que nunca. Analisando agora, acho que ele percebeu que seu estado de saúde era delicado e sabia que a vida era um dom que não deveria ser desperdiçado nem aproveitado apenas superficialmente.

Ao longo daquela visita de duas semanas, reparamos que quando papai saía de casa sempre voltava com doces. Tinha um fraco por cerejas cobertas de chocolate e conseguia acabar sozinho com um pote de meio quilo. Às vezes, tentava esconder seu tesouro dentro de uma sacola de compras ou por baixo de um jornal; quando achava que ninguém estava olhando, jogava uma daquelas gostosuras na boca. Seus olhos brilhavam como os de um menino levado que guarda um segredo.

Nosso momento predileto eram os jantares em família. Papai curtia muito contar as experiências e casos de quando trabalhava na rede ferroviária, mas também nutria uma nova paixão. Ele e a esposa faziam trabalho voluntário em uma cozinha comunitária que fornecia refeições para moradores de rua. Aquela era, atualmente, a grande alegria da sua vida: ajudar pessoas pobres e carentes.

Várias vezes durante sua visita, papai foi a uma livraria cristã e comprou alguns DVDs com hinos famosos e legendados para a plateia cantar junto. Como tinha graves problemas de audição, eu me vi franzindo os olhos certo dia, quando ele aumentou o volume da TV até um nível desconfortavelmente alto. Logo depois, porém, ouvi um som surpreendente. Era o papai cantando todo desafinado, mas acompanhando o vídeo. A canção falava do Paraíso. Vi que seus olhos se fecharam e um sorriso sutil enfeitou-lhe os lábios. Eu sabia que papai pensava no lugar glorioso para onde iria dentro em breve. O volume alto do som deixou de me incomodar e eu adorei a beleza comovente daquele momento.

O velório aconteceu na véspera do Domingo de Páscoa. Ao longo das semanas que se seguiram, percebi que meu marido, que geralmente tinha um astral elevadíssimo, se tornara melancólico. Certa manhã, ao entrar em seu escritório, vi uma caixa de cerejas cobertas de chocolate sobre a mesa, pela metade. Ele obviamente já tinha comido várias antes de eu chegar.

— Gene do céu!!! — exclamei. — Eu não sabia que você *amava* cerejas com cobertura de chocolate. O que está acontecendo?

— Na semana retrasada, ao arrumar minhas gavetas, achei uma pilha de cartões de Natal do ano passado. Um deles foi enviado pelo meu pai. Era um cartão-presente do Walmart no valor de 30 dólares. De repente, ao abri-lo, percebi que esse foi o último presente que eu ganhei do meu velho. Eu preciso gastar esse dinheiro em algo digno da memória dele, e pensei que a decisão viria com facilidade se eu comesse uma caixa de cerejas cobertas de chocolate. Funcionou! Já descobri o que comprar. Você está livre agora para ir comigo ao supermercado?

Entramos no carro e fomos até o Walmart. O rosto de Gene refletia uma mudança completa em sua disposição.

*Cerejas Cobertas de Chocolate* 299

Ele parecia exultante quando pegou o carrinho e foi direto para a seção de mercearia. Precisei apressar o passo para conseguir acompanhá-lo. Começou pegando comida industrializada das prateleiras: muitas sopas, vários tipos de vegetais em conserva, caixas de suco de frutas, quase um quilo de fiambre e duas latas de sardinhas.

— Comíamos muito fiambre quando eu era menino, e meu pai também adorava sardinhas em lata — explicou ele a caminho do caixa, mas, lógico, ainda deu mais uma paradinha para pegar um pacote de cerejas cobertas de chocolate e colocar no seu carrinho já lotado de mercadorias incomuns.

Com um sorriso no rosto, pegou o cartão-presente como se fosse um tesouro e o entregou à moça do caixa, acompanhado de várias notas a mais que pegou na carteira. Confesso que eu ainda estava um pouco perplexa com o comportamento alegre dele enquanto guardava as sacolas na mala do carro. Gene seguiu para o Centro da cidade e estacionou diante do abrigo local. Desapareceu lá dentro com as sacolas, mas eu reparei que ele deixou a caixa de cerejas cobertas de chocolate no banco do motorista. Sorri ao compreender a alegria de meu marido. Vi que ele estava honrando a memória do seu pai doando comida para os semteto e para as pessoas necessitadas da nossa comunidade.

Quando Gene voltou, abriu a porta do carro, me puxou para fora com uma das mãos e pegou as cerejas cobertas de chocolate com a outra.

— Vamos tomar um café ali na esquina para celebrar a vida de meu pai. Ele adorava ajudar pessoas necessitadas, e seu exemplo de generosidade para com o próximo foi a coisa que mais causou impacto na minha vida.

Naquela tarde, tomamos café com biscoitos e comemos muitas cerejas cobertas de chocolate — muitas mesmo! —, enquanto conversávamos sobre as maravilhas de uma vida dedicada a servir ao próximo.

*Dou graças ao meu Deus todas as vezes que me lembro de vós.*

EPÍSTOLA AOS FILIPENSES 1:3

# AGRADECIMENTOS

A inspiração para escrever *Milagres do Ágape* surgiu por termos crescido ouvindo histórias que nossa mãe nos contava lá na infância, muitas delas da época em que ainda éramos bebês. Nós observávamos atentamente sua inflexão vocal dramática enquanto as tramas eram desenvolvidas. Ouvíamos tudo com a respiração em suspenso, especulando sobre como os enredos iriam se desenrolar e o que aconteceria aos nossos personagens prediletos. Devido a essa influência de mamãe, começamos a contar histórias aos amigos muito antes de imaginar que ambas iríamos nos tornar autoras de livros e também palestrantes. O que sabemos com certeza é que foi nossa mãe querida, Pauline Afman, que nos ensinou a arte de contar histórias, e somos imensamente gratas a ela por isso.

Uma obra como esta não poderia ter sido escrita sem o envolvimento das muitas pessoas que compartilharam suas jornadas pessoais conosco e permitiram que colocássemos no papel os encontros que tiveram com o admirável toque de Deus em suas vidas. Todos os relatos milagrosos deste livro são experiências verdadeiras, reais, de pessoas comuns que descobriram a esperança em meio a situações incomuns ou desafiadoras. Somos muito gratas às generosas contribuições de todos aqueles que participaram do projeto.

Um imenso "obrigado" vai para Cindy Lambert, por ter a ideia de um livro deste tipo, e, logicamente, para John e Chrys Howard, que souberam reconhecer o potencial que estas histórias tinham para emocionar e motivar.

Agradecemos a Philis Boultinghouse e a Jessica Wong por sua excelente direção editorial. Nosso carinho vai também para a Howard Books, por tornar possível que estes milagres fossem de fato publicados.

Por fim, e acima de tudo, somos gratas a você, nosso leitor e nossa leitora. Serão vocês que verdadeiramente darão asas a este livro e farão com que estas poderosas histórias sigam vivas e cheguem aos ouvidos e às mãos de muitas outras pessoas.

*Fique com Deus e muito obrigado!*

# NOTAS

CAPÍTULO 1
1. www.thinkexist.com

CAPÍTULO 2
1. http://enrichmentjournal.ag.org/top/fruit5_kindness.cfm

CAPÍTULO 3
1. William Ward, citado no livro *Quotable Quotations*, de Lloyd Cory (Victor Books, 1985), p. 186.

CAPÍTULO 4
1. Percy Bysshe Shelley, no site www.brainyquote.com

CAPÍTULO 5
1. www.brainyquote.com/quotes/quotes/m/masoncoole395061.html

CAPÍTULO 6
1. Kathy Troccoli, citação encontrada no livro *100 Days of Praise for Women* (Family Christian Stores, 2008), p. 126.

CAPÍTULO 7
1. Dee Brestin, *The God of All Comfort* (Zondervan, 2009), p. 189.

CAPÍTULO 8
1. www.sermoncentral.com

CAPÍTULO 9
1. C. Neil Strait, citado no livro *Quotable Quotations*, de Lloyd Cory, p. 295.

304

CAPÍTULO 10

1. Barbara Johnson, citação encontrada no livro *100 Days of Praise for Women* (Family Christian Stores, 2008), p. 111.

CAPÍTULO 11

1. V. Raymond Edman, citado no livro *Quotable Quotations,* de Lloyd Cory, p. 130.

CAPÍTULO 12

1. Marion Stroud, no livro *Dear God, It's Me and It's Urgent* (Discover House Publishers, 2008), p. 1.

CAPÍTULO 13

1. Rick Warren, no livro *The Purpose Driven Life* (Zondervan, 2002), p. 63.

CAPÍTULO 14

1. Abraham Lincoln, citado no livro de Gordon S. Jackson, *Quotes for the Journey* (NavPress, 2000), p. 124.
2. Jay Walsh, no livro *Against All Odds* (ABWE, 1996), p. 116-17.
3. Viggo B. Olson, no livro *Daktar: Diplomat in Bangladesh* (Moody Press, 1973), p. 266.

CAPÍTULO 15

1. www.mutahed.com/7.aspx

CAPÍTULO 16

1. Gloria Gaither, citação encontrada no livro *100 Days of Praise for Women* (Family Christian Stores, 2008), p. 126.

CAPÍTULO 17

1. Kay Arthur, citado em Judith Couchman, *One Holy Passion* (Waterbrook Press, 1998), p. 95.
2. Epístola aos Filipenses 3:10.
3. Primeira Epístola de Pedro 2:23.

CAPÍTULO 19
1. William Arthur Ward, citado no livro de Billy e Janice Hughey, *A Rainbow of Hope* (Rainbow Studios, Inc., 1994), p. 72.

CAPÍTULO 20
1. Nicole Johnson, citado no livro de Mary Ann Froehlich, *Living with Thorns* (Discovery House Publishers, 2009), p. 51.

CAPÍTULO 21
1. www.bellaonline.com

CAPÍTULO 23
1. Jan Johnson, no livro *Living a Purpose-Full Life* (Waterbrook Press, 1999), p.16.

CAPÍTULO 24
1. Emilie Barnes, citação encontrada no livro *100 Days of Praise for Women* (Family Christian Stores, 2008), p. 126.

CAPÍTULO 25
1. Brenda Waggoner, *The Velveteen Woman* (Chariot Victor Publishing, 1999), p. 88 e 149.
2. Sarah Young, *Jesus Calling* (Thomas Nelson, 2004), p. 199.

CAPÍTULO 26
1. Abraham Lincoln, citado no livro de Michelle Cox e John Perrodin *Simple Little Words* (Honor Books, 2008), p. 172.

CAPÍTULO 27
1. Corrie Ten Boom, no livro *Clippings from My Notebook* (World Wide Publications, 1982), p. 27.

CAPÍTULO 28
1. Oswald Chambers, citado no livro de Cox e Perrodin, *Simple Little Words*, p.54.

CAPÍTULO 29
1. www.thinkexist.com

306

CAPÍTULO 30

1. Sarah Young, no livro *Jesus Lives* (Thomas Nelson, 2009), p. 170.

CAPÍTULO 31

1. Sam J. Ervin Jr., citado no livro de Albert M. Wells Jr., *Inspiring Quotations* (Thomas Nelson, 1988), p. 67.
2. Evangelho de Lucas 1:38.

CAPÍTULO 32

1. Barbara Johnson, citação encontrada no livro *100 Days of Praise for Women* (Family Christian Stores, 2008), p. 67.

CAPÍTULO 33

1. http://dailychristianquote.com/dcqcomfort2.html

CAPÍTULO 34

1. Citação encontrada no livro *100 Days of Praise for Women* (Family Christian Stores, 2008), p. 313.

CAPÍTULO 35

1. Gary Gilbranson, citado no livro de Richard Stearns, *The Hole in Our Gospel* (World Vision, 2009), p. 87.

CAPÍTULO 36

1. Calvin Miller, citação do livro de Randy Alcorn, *Heaven* (Tyndale House Publishers, Inc., 2004), p. 3.

CAPÍTULO 37

1. www.motivational-inspirational-corner.com

CAPÍTULO 38

1. Marion Stroud, no livro *Dear God, It's Me and It's Urgent* (Discover House Publishers, 2008), p. 176.

CAPÍTULO 39

1. www.quotationspage.com/quote/2236.html

**Papel**: Pólen Soft 70g
**Tipo**: Bembo
www.editoravalentina.com.br